अमर क्रांतिदूत
चापेकर बंधु

चापेकर बंधु–दामोदर हरी चापेकर, बालकृष्ण हरी चापेकर तथा वासुदेव हरी चापेकर–तीनों भाइयों को क्रांतित्रयी कहें तो अतिशयोक्ति नहीं होगी। चापेकर बंधु पुणे के पास चिंचवड के निवासी थे और बाल गंगाधर तिलक को अपना गुरु मानते थे। आरंभ से ही उनके मन में भारत को विदेशी दासता से मुक्त कराने की दृढ़ भावना थी। सन् 1896 में जब पुणे में प्लेग महामारी फैली तो इसकी रोकथाम के लिए सरकार ने रैंड नामक एक अधिकारी को तैनात किया। रैंड के गोरे अधिकारी जाँच के नाम पर घर-घर लोगों पर अत्याचार करने लगे। इन अत्याचारों ने चापेकर बंधुओं को अंदर तक आक्रोशित करके रख दिया। उन्होंने रैंड से बदला लेने की ठान ली। एक दिन जब रैंड और उसका साथी एक उत्सव में भाग लेकर लौट रहे थे तो बालकृष्ण ने रैंड के साथी आयस्र्ट को तथा दामोदर ने रैंड को गोली मारकर दोनों का काम तमाम कर दिया। घर के भेदी द्रविड़ बंधुओं की चुगलखोरी के कारण दामोदर तथा बालकृष्ण को गोरी सरकार ने फाँसी दे दी। इससे क्षुब्ध सबसे छोटे वासुदेव हरी चापेकर ने अपने मित्र महादेव रानाडे की मदद से चुगलखोर द्रविड़ बंधुओं को मार गिराया और खुद भी फाँसी पर चढ़ गया।

इस प्रकार अंग्रेजों से लोहा लेकर चापेकर बंधुओं ने जिस शौर्य का प्रदर्शन किया, उसने देशवासियों के मन में अंग्रेजों के विरुद्ध क्रांति की आग को और तेज करने का काम किया।

माँ भारती के सपूतों चापेकर बंधुओं की प्रेरक जीवनगाथा।

अरुणेश कुमार

पठन–पाठन में रुचि, विशेष रूप भारत के स्वतंत्रता संग्राम को अधिकाधिक जानने–समझने की लगन। कुछ क्रांतिकारियों के जीवन पर प्रामाणिक लेखन किया है। आगे भी इन पर लेखन जारी।

अमर क्रांतिदूत
चापेकर बंधु

अरुणेश कुमार

को एकसूत्र में बाँध दिया। बंबई, बंगाल, पंजाब आदि सभी क्षेत्रों में क्रांति-बिगुल बज उठा। युवा क्रांतिकारी प्राणों का मोह त्यागकर स्वतंत्रता-समर में कूद पड़े और अंग्रेज सरकार को त्रास देने लगे। इसके बाद राजनीतिक स्तर पर भी भारतीय आंदोलन परिपक्व हुआ। बाल गंगाधर तिलक इस आंदोलन के अगुवा थे, जिनके लाखों युवा अनुयायी अपने प्राण देकर भी देशसेवा करने के लिए तत्पर रहते थे।

क्रांतिकारी सुधारों की नहीं, वरन् आजादी और अधिकारों की बात करते थे। वे जहाँ देश की मर्यादा के लिए अपने प्राण न्योछावर करने में अपनी शान समझते थे, वहीं अत्याचारी अंग्रेजों के प्राण लेने से भी पीछे नहीं हटते थे।

जब सन् 1896-97 में बंबई प्रांत में प्लेग का प्रकोप हुआ तो अंग्रेज सरकार ने सहायता के नाम पर एक कमेटी बनाई। उसका शीर्ष अधिकारी कमिश्नर रैंड एक निर्मम अंग्रेज था। उसने पीड़ितों को और भी पीड़ित किया। लूटमार, आगजनी, अभद्रता और यहाँ तक कि बलात्कार जैसे अमानवीय व्यवहार भी रैंड के इशारे पर हुए। इनसे युवा आक्रोश भड़क उठा और चित्तपावन ब्राह्मण वंश के 'चापेकर बंधुओं' ने उस राक्षस रैंड का वध करने का संकल्प लिया। एक ही परिवार के इन तीनों भाइयों ने योजना बनाकर रैंड का वध कर दिया। वे लंबे समय तक अंग्रेजों के लिए भय का कारण बने रहे, फिर एक-एक करके उन्हें पुलिस ने गिरफ्तार किया और फाँसी पर लटका दिया। उन तीन वीर शहीदों ने वतन पर न्योछावर होने की ऐसी कुल-परंपरा डाली, जिसने भारत से अंग्रेजी राज के समापन का आगाज कर दिया। ऐसे ही अमर शहीदों के बलिदान के फलस्वरूप अंततः भारत को आजादी मिली। देश को अपने इन अमर शहीदों पर गर्व है। हम इन्हें श्रद्धा-सुमन अर्पित करते हैं।

मुझे आशा ही नहीं बल्कि पूर्ण विश्वास है कि चापेकर बंधुओं

की गौरवमयी क्रांति कार्यों को पढ़कर पाठकों के मन में अवश्य ही देशभक्ति की भावना हिलोरे लेने लगेगी। हमारे अमर शहीदों ने भारत को आजाद कराया, अब हमारा कर्तव्य है कि हम इसके प्रगति-पथ को प्रशक्त करें—यही अपने अमर शहीदों के प्रति हमारी सच्ची श्रद्धांजलि होगी।

—अरुणेश कुमार

अनुक्रम

देशसेवा के व्रती चापेकर बंधु

सन् 1857 के भारतीय स्वतंत्रता संग्राम की दग्ध-ज्वाला हजारों देशभक्तों की प्राणाहुति लेकर अब मद्धिम हो चुकी थी, लेकिन इसके पीछे कुछ नए प्रश्न पैदा हो गए थे। मंगल पांडे की ललकार से उठी इस क्रांति ने एक बार तो उस समय कंपनी सरकार के भी होश उड़ा दिए थे, जब उत्तर भारत में देशी सेनाओं ने क्रांति का नेतृत्व स्वीकार करके दिल्ली की ओर कदम बढ़ा दिए थे। सबकुछ इतना आकस्मिक हुआ था कि कंपनी सरकार स्तब्ध रह गई और इस भारतीय विद्रोह के दमन के लिए अंग्रेजी उपनिवेशों से सेनाएँ बुलानी पड़ गई थीं। दिल्ली, कानपुर, मेरठ, इलाहाबाद, लखनऊ आदि में क्रांतिकारियों ने अंग्रेजी प्रशासन को उखाड़ फेंका था और चहुँओर आशा की एक लहर दौड़ने लगी थी कि अब अंग्रेज अधिक दिनों तक भारत में नहीं रह सकेंगे।

क्रांति की पुकार बंगाल और बंबई प्रेसीडेंसी में पहुँचने लगी थी और एक व्यापक क्रांति के आसार नजर आने लगे थे। कंपनी सरकार ने निर्मम नीतियों का सहारा लिया और अपने साम्राज्य को बनाए रखने के लिए क्रांतिकारियों को पकड़कर फाँसी पर चढ़ाया जाने लगा। मुगल सम्राट् बहादुरशाह जफर, जो इस क्रांति का नेतृत्व कर रहे थे, उन्हें बंदी बनाकर रंगून जेल भेज दिया गया, फिर धीरे-धीरे क्रांति की ज्वाला अंग्रेजों के दमनचक्र से दम तोड़ने लगी।

भारतीय जनमानस में नैराश्य की भावना उत्पन्न हो गई थी। अब किसी को कोई आशा नहीं थी कि अंग्रेजों के अत्याचारों से मुक्ति मिल सकेगी। इस विद्रोह को असफल करार दिया गया, जबकि ऐसा नहीं था। इसने कुछ ऐसे तत्त्वों को भारतीय जनमानस में छोड़ा था, जिनसे आनेवाले समय में अंग्रेजी वर्चस्व को बड़ी चुनौती मिल सकती थी। जिस प्रजाभाव से भारतीयों ने अब तक कंपनी सरकार को शासक के रूप में मान्य किया था, वह अब मद्धिम होता जा रहा था। बेशक क्रांति अब राख के ढेर में बदल गई थी, परंतु इसमें चिनगारियों के होने की संभावना से ब्रिटिश साम्राज्यवादी चिंतित हो उठे थे। इससे पूर्व ब्रिटिश-साम्राज्य को अमेरिका में इस प्रकार का अनुभव हो गया था और अमेरिकी क्रांति ने ब्रिटेन को अमेरिका से बाहर निकाल फेंका था। ब्रिटेन के साम्राज्यवादी जानते थे कि जिस उपनिवेशी समाज में विद्रोह की भावना जाग्रत् हो जाए, उसे बलपूर्वक दबाया तो जा सकता है, परंतु उसके अस्तित्व को समाप्त नहीं किया जा सकता और उसके प्रबल होने की आशंका बराबर बनी रहती है।

भारतीय जनमानस में नैराश्य की भावना उत्पन्न हो गई थी। अब किसी को कोई आशा नहीं थी कि अंग्रेजों के अत्याचारों से मुक्ति मिल सकेगी। इस विद्रोह को असफल करार दिया गया, जबकि ऐसा नहीं था। इसने कुछ ऐसे तत्त्वों को भारतीय जनमानस में छोड़ा था, जिनसे आनेवाले समय में अंग्रेजी वर्चस्व को बड़ी चुनौती मिल सकती थी।

लॉर्ड डलहौजी ने अपने कार्यकाल में भारत में अंग्रेजी वर्चस्व पूरी तरह स्थापित कर दिया था, मगर लॉर्ड कैनिंग के गवर्नर जनरल बनने पर हुए इस विद्रोह से ब्रिटिश साम्राज्यवादी अपनी नीतियों में परिवर्तन करके

भारत में अपना शासन बनाए रखने को विवश हुए। ब्रिटिश सरकार ने प्रशासनिक सुधारों की बात कहकर कंपनी सरकार को शासन से अलग कर दिया और भारत का शासन सीधे ब्रिटिश सरकार ने अपने हाथों में ले लिया। महारानी विक्टोरिया को भारत की सम्राज्ञी घोषित कर भारत के गवर्नर जनरल के पद को समाप्त करके वाइसराय का नया पद सृजित किया गया। लॉर्ड कैनिंग को भारत का अंतिम गवर्नर जनरल और प्रथम वाइसराय होने का गौरव प्राप्त हुआ।

अपने कुछ वर्षों में ब्रिटिश सरकार ने आक्रोशित और निराश भारतीयों को संतुष्ट करने के लिए कुछ सुधार किए। जिस राज्य-विलय नीति से देश में विद्रोह का वातावरण बना था, उसे समाप्त कर दिया गया, यद्यपि इस नीति का उद्‌देश्य डलहौजी ने पूरा कर लिया था। एक सुधार नियमों में अंग्रेज सरकार ने यह संकेत देने का छद्‌म प्रयास किया कि अब तक भारत में जो शोषण और अनीतियाँ थीं, वह कंपनी सरकार के कुछ अधिकारियों की निजी निर्ममता थी, जिसे अब सम्राज्ञी के शासन में नहीं होने दिया जाएगा। भारत के उदारवादी वर्ग में इस घोषणा से आशाएँ जाग उठी थीं। वैसे भी इंग्लैंड की शासन-क्षमता और न्याय-नीति संसार भर में प्रसिद्ध थी। उदारवादियों ने इन सुधारों का स्वागत किया और सम्राज्ञी के प्रति प्रजाभाव बनाए रखने की देशवासियों से अपील की, परंतु क्रांति समर्थकों को अंग्रेजों की नीति और शासन पर तनिक भी विश्वास नहीं

अपने कुछ वर्षों में ब्रिटिश सरकार ने आक्रोशित और निराश भारतीयों को संतुष्ट करने के लिए कुछ सुधार किए। जिस राज्य-विलय नीति से देश में विद्रोह का वातावरण बना था, उसे समाप्त कर दिया गया, यद्यपि इस नीति का उद्‌देश्य डलहौजी ने पूरा कर लिया था।

था। यह वर्ग मानता था कि विदेशी सरकार कभी भी भारत का हित नहीं सोच सकती और उसकी नीति नितांत स्वार्थ और स्वहितों पर आधारित थीं। अत: विद्रोह सुलगता ही रहा।

सन् 1866-69 ई. के बीच भारत के कई क्षेत्रों में भीषण अकाल की स्थिति बन गई थी। उड़ीसा, राजपूताना और बुंदेलखंड इस अकाल से अधिक प्रभावित हुए और हजारों लोग इस प्राकृतिक आपदा की भेंट चढ़ गए। ऐसे में ब्रिटिश सरकार ने एक अकाल आयोग का गठन किया और अकाल पीड़ितों की आंशिक सहायता की, जिसे नाकाफी ही कहा जा सकता है। इन दिनों भारतीय हितों की आवाज दादाभाई नौरोजी के द्वारा उठाई जा रही थी, जो लंदन में थे और वहीं से भारत में सुधारों की निरंतर अर्जियाँ लगा रहे थे। यद्यपि ब्रिटिश संसद् में इन अर्जियों को कोई महत्त्व नहीं दिया जा रहा था, मगर दादाभाई ने ब्रिटिश नागरिकों के हृदय में भारत के प्रति सद्विचारों का बीजारोपण करने में सफलता पाई थी, जो आगे चलकर उन्हें ब्रिटिश संसद् तक पहुँचाने में काम आई। दादाभाई पहले भारतीय थे, जो हाउस ऑफ कॉमंस का चुनाव लड़े और 1892 ई. में जीतकर ब्रिटिश संसद् में भारतीय प्रतिनिधि बने। भारत में फिर से आशा का जागरण हुआ कि संभवत: अब अंग्रेज सरकार भारत के प्रति कुछ

सन् 1866-69 ई. के बीच भारत के कई क्षेत्रों में भीषण अकाल की स्थिति बन गई थी। उड़ीसा, राजपूताना और बुंदेलखंड इस अकाल से अधिक प्रभावित हुए और हजारों लोग इस प्राकृतिक आपदा की भेंट चढ़ गए। ऐसे में ब्रिटिश सरकार ने एक अकाल आयोग का गठन किया और अकाल पीड़ितों की आंशिक सहायता की, जिसे नाकाफी ही कहा जा सकता है।

नरम नीति अपनाएगी, मगर यह आशा भी निराशा में ही बदल गई। दादाभाई का संघर्ष जारी रहा और वे अपनी बौद्धिक जंग लड़ते रहे। अंग्रेज सरकार उनका बहुत सम्मान करती थी, परंतु अपनी नीति से नहीं हटती थी।

इधर भारत में स्वतंत्रता का विचार सशक्त होता जा रहा था और जनमानस में अंग्रेज सरकार के विरुद्ध असंतोष बढ़ता ही जा रहा था। इस बढ़ते असंतोष के कई कारण थे। निरंतर बढ़ती गरीबी और प्राकृतिक आपदाओं से त्रस्त भारतीय समाज में

अनेक रूढ़ियाँ, अंधविश्वास और धार्मिक पाखंडों ने भी बहुत से कष्ट दे रखे थे, ऊपर से अंग्रेजभक्त होते जा रहे संपन्न समाज द्वारा इनका शोषण सभी प्रकार से किया जा रहा था। भूमिहीनों की दशा उन बैलों जैसी थी, जिन्हें जोता तो दिन-रात जाता था, परंतु सुविधाओं से शून्य रखा जाता था। जमींदारों, साहूकारों ने इन दासों को नारकीय जीवन जीने पर विवश कर रखा था। कृषि की दशा प्राकृतिक कारणों से दयनीय हो रही थी तो और भी अधिक कष्टप्रद स्थितियाँ बन रही थीं। ऐसे में भूखे पेटों में असंतोष की लहर तो उठती थी, परंतु यह असंतोष निर्बल और असंगठित था। ऐसे में समाज-सुधारकों ने सामाजिक उत्थान की दिशा में महत्त्वपूर्ण कार्य किए। मुसलिम समाज में जागृति उत्पन्न करने में विद्वान् सर सैयद अहमद खाँ का योगदान सराहनीय

अनेक रूढ़ियाँ, अंधविश्वास और धार्मिक पाखंडों ने भी बहुत से कष्ट दे रखे थे, ऊपर से अंग्रेजभक्त होते जा रहे संपन्न समाज द्वारा इनका शोषण सभी प्रकार से किया जा रहा था। भूमिहीनों की दशा उन बैलों जैसी थी, जिन्हें जोता तो दिन-रात जाता था, परंतु सुविधाओं से शून्य रखा जाता था।

रहा, जिन्होंने शिक्षा को परिवर्तन का माध्यम बनाया। उन्होंने शिक्षित मुसलिम समाज की आवश्यकता पर जोर देकर 1875 ई. में मोहम्मडन ऐंग्लो ओरिएंटल कॉलेज की स्थापना की और नवजागरण की दिशा में सार्थक कदम उठाया।

इसी क्रम में बंबई (मुंबई) में स्वामी दयानंद सरस्वती ने सन् 1875 में ही 'आर्य समाज' की स्थापना कर हिंदू समाज में व्याप्त पांखडों और कुरीतियों का प्रबल विरोध किया, जिससे धर्म और समाज-सुधार का कार्य तेजी से होने लगा। दयानंद-ऐंग्लो-वैदिक कॉलेजों की स्थापना से शिक्षा को नया रूप दिया गया। 'वेदों की ओर लौटो' और 'भारत भारतीयों के लिए' का नारा देकर स्वामी दयानंद ने भारत की संस्कृति और स्वतंत्रता का संदेश दिया। पूना (महाराष्ट्र) में एक और महान् समाज-सुधारक ज्योतिबा फुले ने 'सत्यशोधक समाज' की स्थापना 1873 ई. में ही कर दी थी, जो ब्राह्मणवाद को चुनौती देकर पिछड़े वर्गों की सामाजिक दशा में परिवर्तन करने में प्रयत्नशील रहा। महादेव गोविंद रानाडे एक अति शिक्षित समाज- सुधारक रहे, जिन्होंने 'प्रार्थना समाज' की स्थापना की और धार्मिक कर्मकांडों का विरोध करके रूढ़िवादी दृष्टिकोण को समाज से उखाड़ने में लगे रहे। इन्होंने हिंदू-मुसलिम एकता की दिशा में भी सराहनीय प्रयास किए।

इसी क्रम में बंबई (मुंबई) में स्वामी दयानंद सरस्वती ने सन् 1875 में ही 'आर्य समाज' की स्थापना कर हिंदू समाज में व्याप्त पांखडों और कुरीतियों का प्रबल विरोध किया, जिससे धर्म और समाज-सुधार का कार्य तेजी से होने लगा। दयानंद-ऐंग्लो-वैदिक कॉलेजों की स्थापना से शिक्षा को नया रूप दिया गया।

समाज-सुधारों का यह नवजागरण देश भर में एक नए समाज की रचना में सहायक सिद्ध हो रहा था। इससे जुड़े लोगों को आशा थी कि शिक्षित, सभ्य और मानवतावादी समाज का गठन हो जाने पर स्वतंत्रता स्वतः आ जाएगी, क्योंकि दास्य-भाव अशिक्षित, अनुभवहीन और रूढ़िवादी समाज में ही अधिक सक्रिय होता है। यहाँ विडंबना यह थी कि इस सामाजिक सुधार की सफलता से सबसे बड़ी बाधाएँ घोर गरीबी और भूख रहीं।

समाज-सुधारों का यह नवजागरण देश भर में एक नए समाज की रचना में सहायक सिद्ध हो रहा था। इससे जुड़े लोगों को आशा थी कि शिक्षित, सभ्य और मानवतावादी समाज का गठन हो जाने पर स्वतंत्रता स्वतः आ जाएगी, क्योंकि दास्य-भाव अशिक्षित, अनुभवहीन और रूढ़िवादी समाज में ही अधिक सक्रिय होता है।

इसी परिप्रेक्ष्य में पंजाब में भी सिख-समाज में प्रचलित बुराइयों और पाखंडों को दूर करने के प्रयास हो रहे थे। सन् 1840 मूलतः समाज-सुधार पर आधारित इस आंदोलन को तब नई दिशा मिली, जब सिख साम्राज्य का पतन हो गया और राम सिंह कूका के नेतृत्व में इस आंदोलन ने अंग्रेज सरकार के प्रति स्वातंत्र्य-विद्रोह का रूप ले लिया। 1869 ई. में फिरोजपुर से उठा कूका विद्रोह अंग्रेजों को भारतीय विद्रोह में बदलता लग रहा था। सशस्त्र विद्रोही अंग्रेजों के लिए मौत का भय बनते जा रहे थे। अंग्रेज सरकार ने व्यापक विद्रोह की आशंका को देखते हुए निर्मम दमनात्मक काररवाई की और 1872 ई. में रामसिंह कूका को बंदी बनाकर रंगून भेज दिया गया। साथ ही अंग्रेज सैनिकों ने उनके 49 साथियों की निर्मम हत्या करके कूका आंदोलन का दमन कर दिया।

कूका विद्रोह से यह तो स्पष्ट हो गया था कि भारतीय जनमानस

में अब स्वतंत्रता की भावना प्रबल होती जा रही है और देश भर में जगह-जगह पर ऐसे विद्रोह सिर उठा रहे थे। बंगाल का नील आंदोलन और पावना आंदोलन, दक्कन विद्रोह, रंपा का विद्रोह आदि विद्रोहों से भारतीय असंतोष के प्रमाण मिल रहे थे। ऐसे में यदि ये सभी विद्रोह संगठित और योजनाबद्ध हो जाते तो निश्चय ही 1857 ई. जैसा दृश्य उत्पन्न हो जाता और अंग्रेज सरकार को भारत पर अपनी पकड़ बनाए रखना असंभव हो जाता। अब तक अंग्रेज भी जान गए थे कि जिस गति से भारत में राष्ट्रीयता का विकास हो रहा था, उससे अधिक समय तक अंग्रेजी शासन का बना रहना कठिन है। अतः अंग्रेज सरकार ने अपने आर्थिक हितों की पूर्ति की दिशा में अधिक सक्रियता दिखाई। इससे भारतीयों का शोषण और भी बढ़ गया। अंग्रेजों ने भारत की संपदा को इंग्लैंड पहुँचाना आरंभ कर दिया। आर्थिक शोषण अपने चरम पर पहुँच रहा था।

इसी घोर कष्टकारी समय में राजनीतिक नेतृत्व की आवश्यकता को समझा गया। वास्तव में राजनीतिक स्तर पर भारत की ओर से अधिक प्रयास कभी हुए ही नहीं थे, जो सत्ता और शासन के प्रमुख स्तंभ हैं। एकमात्र दादाभाई नौरोजी ने इस दिशा में 'अकेला चना' की तरह काम किया, जो भाड़ नहीं फोड़ सकता था।

इसी घोर कष्टकारी समय में राजनीतिक नेतृत्व की आवश्यकता को समझा गया। वास्तव में राजनीतिक स्तर पर भारत की ओर से अधिक प्रयास कभी हुए ही नहीं थे, जो सत्ता और शासन के प्रमुख स्तंभ हैं। एकमात्र दादाभाई नौरोजी ने इस दिशा में 'अकेला चना' की तरह काम किया, जो भाड़ नहीं फोड़ सकता था। कुछ प्रबुद्ध अंग्रेज, जो उदारवादी और मानवतावादी दृष्टिकोण रखते थे, जानते

थे कि भारत में अंग्रेज सरकार ने अनुचित शासन किया है। इसी वर्ग में ए.ओ. ह्यूम भी थे, जो भारत को राजनैतिक मंच पर लाकर शक्ति प्रदान करने के इच्छुक थे और इसके लिए एक राष्ट्रीय संस्था की स्थापना को आवश्यक मानते थे। 1885 ई. में उनके सघन प्रयासों से 'भारतीय राष्ट्रीय कांग्रेस' की स्थापना हुई, जो भारत के राजनीतिक आंदोलन की रिक्तता को भर सकने में तब समर्थ प्रतीत हुई, जब दादाभाई नौरोजी, रानाडे, फिरोजशाह मेहता और व्योमेश चंद्र बनर्जी जैसे राजनेता इससे जुड़ गए।

राजनीतिक स्तर पर भारतीय राष्ट्रीय कांग्रेस ने लोगों में विश्वास पैदा किया और अधिक-से-अधिक संख्या में लोग इससे जुड़ने लगे। यद्यपि यह राजनीतिक आंदोलन केवल शिक्षित मध्यवर्गीय बुद्धिजीवियों तक ही सीमित था, परंतु इसके द्वारा भारत के उज्ज्वल भविष्य की अपेक्षा की जा सकती थी। इस समय देश की पहल पर एक नए युगांतरकारी विचारक और मिश्रित स्वातंत्र्य भावनावाले महान् नेता का उदय भी हो चुका था। ये तिलक थे। बाल गंगाधर तिलक! एक ऐसे नेता, जो उग्र विचारों को भी ग्राह्य समझते थे और नर्म विचारों से भी लोगों को प्रभावित करते थे। उनका कहना था कि जहाँ न्याय नहीं है, वहाँ अशांति रहती है। अतः न्याय से जुड़े लोगों को एक-दूसरे से जोड़ा। तिलक धीरे-धीरे स्वतंत्रता का नेतृत्व अपने हाथों में ले रहे थे। 'केसरी' व 'मराठा' जैसे समाचार-पत्रों से समाज और सरकार का सेतु बना रहे थे।

राजनीतिक स्तर पर भारतीय राष्ट्रीय कांग्रेस ने लोगों में विश्वास पैदा किया और अधिक-से-अधिक संख्या में लोग इससे जुड़ने लगे। यद्यपि यह राजनीतिक आंदोलन केवल शिक्षित मध्यवर्गीय बुद्धिजीवियों तक ही सीमित था, परंतु इसके द्वारा भारत के उज्ज्वल भविष्य की अपेक्षा की जा सकती थी।

फिर सन् 1893 ई. का वह वर्ष आया, जो पिछले 35 सालों की तैयारी का परिणाम कहा जा सकता है। सन् 1857 ई. के बाद से भारतीय जनमानस में हो रहे बौद्धिक, सामाजिक और राजनीतिक सुधारों की झलक इस वर्ष दिखाई दी। इसी वर्ष भारत के महान् संन्यासी योद्धा स्वामी विवेकानंद ने अमेरिका में सर्व-धर्म सम्मेलन में भाग लेकर विश्व-पटल कर भारत की धाक जमा दी और वैदिक धर्म को यूरोप में पहचान दी। इसी वर्ष 14 वर्ष के निर्वासन के पश्चात् योगिराज अरबिंद घोष ने भारत वापसी की, जो भारत के तूफानी वक्ता और महान् विचारक थे। इसी के साथ इस वर्ष क्रांतिकारी गतिविधियों की दृष्टि से भी भारत में नई करवट महसूस हुई। भारत का युवा वर्ग अब तन, मन और धन से स्वतंत्रता के लिए जुटता जा रहा था। नासिक (महाराष्ट्र) में कुछ युवाओं ने मिलकर एक गुप्त संगठन की स्थापना की, जो क्रांतिकारी गतिविधियों में संलिप्त था। इस गुप्त संस्था का नाम 'सोसाइटी फॉर दी रिमूवल ऑफ ऑवस्टेक्लस टू दि हिंदू रिलीजन' था, जिसकी स्थापना चाफेकर बंधुओं ने की थी। दामोदर चाफेकर, बालकृष्ण चाफेकर और वासुदेव चाफेकर तीनों सगे भाई थे, जो देशसेवा का व्रत लेकर अंग्रेज सरकार के विरुद्ध क्रांतिकारी गतिविधियों में जुट गए थे। आगे चलकर इन वीर युवकों ने अंग्रेज सरकार की नींव हिलाकर रख दी, जो क्रांति आंदोलन की एक बड़ी प्रेरणादायी घटना बनी।

इसी वर्ष भारत के महान् संन्यासी योद्धा स्वामी विवेकानंद ने अमेरिका में सर्व-धर्म सम्मेलन में भाग लेकर विश्व-पटल कर भारत की धाक जमा दी और वैदिक धर्म को यूरोप में पहचान दी। इसी वर्ष 14 वर्ष के निर्वासन के पश्चात् योगिराज अरबिंद घोष ने भारत वापसी की, जो भारत के तूफानी वक्ता और महान् विचारक थे।

चापेकर परिवार की सामाजिक स्थिति

महाराष्ट्र के पूना शहर का इतिहास बड़ा ही रोचक रहा है। मराठा साम्राज्य के समय पूना का राजनीतिक और आर्थिक महत्त्व मराठों के उत्थान में सबसे अधिक सहयोगी रहा है। इसके कोंकण क्षेत्र में स्वतंत्रता प्रिय और वीर मराठों की कभी कमी नहीं रही। इसी कोंकण क्षेत्र में वीर शिवाजी को मावले लड़ाकों का सदैव सहयोग मिला, जो मराठों की आन-बान पर जान देने को हमेशा तत्पर रहते थे। इसी कोंकण क्षेत्र में एक गाँव चिंचवाड़ भी है, जिसने इतिहास को अपनी स्वातंत्र्यप्रियता और देश-प्रेम का परिचय उसी वीर मराठे अंदाज में दिया, जिसके लिए मराठे जाने जाते हैं।

महाराष्ट्र के पूना शहर का इतिहास बड़ा ही रोचक रहा है। मराठा साम्राज्य के समय पूना का राजनीतिक और आर्थिक महत्त्व मराठों के उत्थान में सबसे अधिक सहयोगी रहा है। इसके कोंकण क्षेत्र में स्वतंत्रता प्रिय और वीर मराठों की कभी कमी नहीं रही। इसी कोंकण क्षेत्र में वीर शिवाजी को मावले लड़ाकों का सदैव सहयोग मिला, जो मराठों की आन-बान पर जान देने को हमेशा तत्पर रहते थे।

चिंचवाड़ में चित्तपावन ब्राह्मण वंश का एक जाना-माना परिवार रहता था। चित्तपावन ब्राह्मण वंश का इतिहास भी मराठी इतिहास का उज्ज्वल अंग रहा है। धर्म, कर्म और वीरता के लिए प्रसिद्ध इस ब्राह्मण वंश ने देश और राज्य की रक्षा में अग्रणी भूमिका निभाई है। मराठा शासन में इनके द्वारा बौद्धिक और धर्म स्तर पर शासन की सेवा करने का कार्य चित्तपावन ब्राह्मणों की थाती है। जब पेशवा सम्राट् की राजधानी इंदौर और धार में थी, तब इन दरबारों में इस वंश के कई प्रसिद्ध दीवान और अधिकारी रहे हैं। इनमें से

विनायक चापेकर एक बहुत बड़े परिवार के मुखिया थे। इस परिवार में बीस सदस्य थे, जिनमें उनके छह बेटे, दो पुत्रियाँ और दो पत्नियाँ थीं। इनके छह पुत्रों में हरि विनायक चापेकर सबसे बड़े थे। सरकारी नौकरी और कर्मशील परिवार को संपन्न परिवारों में गिना जाता था।

विनायक चापेकर का समाज में भी बहुत सम्मान था और इनसे संबंध जोड़ना बड़े गौरव की बात समझी जाती थी। इनके सभी पुत्रों के विवाह बड़ी धूमधाम से हुए थे, जिनमें राजकीय अधिकारियों की उपस्थिति से और भी भव्यता आ जाती थी। हरि चापेकर का विवाह द्वारकाबाई नाम की एक सुशील कन्या से हुआ, जो एक सुघड़, सुंदर और गुणवान् महिला थीं। विवाह के समय उनकी आयु बारह वर्ष थी, जो उस समय कन्या की विवाह-आयु मान्य थी। इन्हीं द्वारकाबाई के गर्भ से 24 सितंबर, 1868 को दामोदर हरि चापेकर ने जन्म लिया तो सारे परिवार में खुशियाँ मनाई गईं।

विनायक चापेकर का समाज में भी बहुत सम्मान था और इनसे संबंध जोड़ना बड़े गौरव की बात समझी जाती थी। इनके सभी पुत्रों के विवाह बड़ी धूमधाम से हुए थे, जिनमें राजकीय अधिकारियों की उपस्थिति से और भी भव्यता आ जाती थी। हरि चापेकर का विवाह द्वारकाबाई नाम की एक सुशील कन्या से हुआ, जो एक सुघड़, सुंदर और गुणवान् महिला थीं।

इस समय चापेकर परिवार संपन्न था। एकाएक फिर समय ने करवट बदली और विनायक चापेकर को नौकरी गँवानी पड़ गई, क्योंकि पेशवाई साम्राज्य का पतन हो गया था। विनायक चापेकर को घर के मुखिया होने के नाते आजीविका चलाने के लिए कई अन्य

कार्य करने पड़े, जिनमें उन्हें विशेष सफलता नहीं मिली और घर की आर्थिक स्थिति दिन-पर-दिन खराब होती गई। हरि चाफेकर उन दिनों पूना के हाईस्कूल में संस्कृत विषय से शास्त्री की शिक्षा प्राप्त कर रहे थे। जब वे लौटे तो घर की आर्थिक स्थिति दयनीय हो चली थी, क्योंकि उस समय सरकारी नौकरी दिवास्वप्न ही थी तो उन्होंने अपने ज्ञान को आजीविका का माध्यम बनाया। वैसे भी उनके पूर्वजों के समय से धार्मिक-गायन की परंपरा चली आ रही थी, जिसे 'कीर्तनकार' कहा जाता था। हरि चापेकर ने भी इसी विद्या को अपना लिया। उनके अन्य भाई भी उनके साथ वाद्यवादन करने लगे और यह एक प्रसिद्ध धार्मिक गायन मंडल बन गया था। उस समय भारत में धार्मिक आस्थाएँ इतनी दृढ़ थीं कि भजन-कीर्तन प्रायः नित्य ही होते थे और चापेकर मंडली को प्रतिदिन ही आसपास के क्षेत्र और गाँवों में बुलाया जाता रहता था।

विनायक चापेकर वृद्ध तो हो ही चले थे, साथ ही उन्हें एक बात और कचोटती थी कि भले ही उनके पूर्वज गायन क्षेत्र में प्रसिद्ध थे, परंतु वह विद्या उनके लिए आजीविका का साधन कभी नहीं रही थी। समय ने आज उस परिवार को अपना हुनर बेचने पर विवश कर दिया था, जो केवल उनकी आत्मसंतुष्टि और धार्मिक भावनाओं को प्रकट करने का माध्यम रहा था।

विनायक चापेकर वृद्ध तो हो ही चले थे, साथ ही उन्हें एक बात और कचोटती थी कि भले ही उनके पूर्वज गायन क्षेत्र में प्रसिद्ध थे, परंतु वह विद्या उनके लिए आजीविका का साधन कभी नहीं रही थी। समय ने आज उस परिवार को अपना हुनर बेचने पर विवश कर दिया था, जो केवल उनकी आत्मसंतुष्टि और धार्मिक भावनाओं को प्रकट करने का माध्यम रहा था। समाज में जो प्रतिष्ठा थी, वह अब 'गवैए परिवार'

के नाम से कम होने लगी थी। विनायक चापेकर को अकसर लोग अपने ऊपर हँसते प्रतीत होते थे। अतः एक दिन उन्होंने अपने बेटों से अपने मन की बात कह दी; उन्हें गायन का कार्य छोड़कर सभी ने अपने पिता की बात मान ली और अन्यत्र कार्य करने के लिए चले गए। इस बीच हरि चापेकर एक पुत्री और दो अन्य पुत्रों के पिता बन गए थे। सन् 1873 ई. में बालकृष्ण चापेकर और 1879 ई. में वासुदेव चापेकर का जन्म हुआ। बालकृष्ण को बापूराव चापेकर भी कहा जाता था।

हरि चापेकर पर परिवार का दायित्व था। अतः उन्होंने समय को देखते हुए कीर्तनकार के व्यवसाय को ही अपनाए रखा। वे जानते थे कि देश के जैसे हालात हैं, उनमें भरण-पोषण करना दुष्कर कार्य है। अतः उन्होंने अपने पुत्रों को भी अपने साथ कीर्तनकारी में दक्ष करना आरंभ कर दिया।

हरि चापेकर पर परिवार का दायित्व था। अतः उन्होंने समय को देखते हुए कीर्तनकार के व्यवसाय को ही अपनाए रखा। वे जानते थे कि देश के जैसे हालात हैं, उनमें भरण-पोषण करना दुष्कर कार्य है। अतः उन्होंने अपने पुत्रों को भी अपने साथ कीर्तनकारी में दक्ष करना आरंभ कर दिया। उनकी पारिवारिक स्थिति इतनी दयनीय हो गई थी कि घर के सदस्य दो समय के भोजन के लिए भी परेशान होने लगे थे। हरि चापेकर इन परिस्थितियों का सामना तो कर रहे थे, परंतु इस चिंता में उनकी सेहत निरंतर गिरती जा रही थी।

उनकी स्थिति इतनी दयनीय थी कि हरि चापेकर ने परिवार को नागपुर में छोड़कर खुद इंदौर में आजीविका चलाने हेतु संघर्ष किया। इसी चिंता और दयनीयता में उनकी मृत्यु हो गई और इंदौर में क्षिप्रा के तट पर उनका अंतिम संस्कार उनके मित्रों के द्वारा किया गया। विडंबना यह रही कि धनाभाव के कारण उनकी पत्नी और परिवारजन भी उनके

अंतिम दर्शन करने न पहुँच सके। दामोदर चापेकर इस समय युवा हो चुके थे और अपनी इस दयनीयता पर फूट–फूटकर रोए। वे अपने पिता के अंतिम दर्शन हेतु नागपुर से इंदौर तक का यात्रा–खर्च नहीं जुटा सके थे, पर इस विडंबना पर अब अधिक दिन तक रोते रहना ठीक नहीं था। उनके सिर पर परिवार का दायित्व आ गया था और इसके लिए उन्होंने भी संगीत और स्वर को ही साधन बनाया। तीनों भाई अल्पशिक्षित थे, परंतु सरस्वती ने उन पर स्वर की कृपा अवश्य की थी। उन्होंने धार्मिक कर्मकांडों द्वारा जीविकोपार्जन करना आरंभ कर दिया। सत्यनारायण की कथा का वाचन वे इतने मधुर स्वर और भाव के साथ करते थे कि श्रोतागण मुग्ध हो जाते। उन्होंने स्कंदपुराण के संस्कृत कथावाचन में दक्षता प्राप्त कर ली। इससे उनका सम्मान तो बढ़ा ही, साथ में आय के स्रोत भी बढ़ गए। उनके यजमानों में संपन्न घराने जुड़ गए थे और इन्हीं के साथ तीनों भाई राष्ट्रवादियों के संपर्क में भी आए।

❑

सावरकर से भेंट

यह वह समय था, जब महाराष्ट्र में तिलक की गर्जना हो रही थी और उनके द्वारा स्थापित फर्ग्युसन कॉलेज युवा क्रांति का केंद्र बन गया था। इस कॉलेज में दामोदर विनायक सावरकर जैसा हिंदूवादी राष्ट्रभक्त भी चर्चा का विषय बना हुआ था, जो युवाओं को राष्ट्रभक्ति के लिए प्रेरित कर रहा था। चापेकर बंधुओं का यद्यपि कॉलेज से कोई सीधा संबंध नहीं था, परंतु एक दिन उन्हें सावरकर के विचार सुनने का अवसर मिल ही गया। यह अवसर एक यजमान के घर कीर्तन करते हुए मिला, जब वहाँ सावरकर भी मित्रता के कारण पहुँचे थे। वहाँ सावरकर ने उनके मधुर स्वर को सुनकर उनकी प्रशंसा की, फिर मित्रों के साथ बैठकर सावरकर ने देश के हालात पर चर्चा की। उनके तर्कों में ठोस सत्य था और केवल समस्याओं का वर्णन ही उनके मुख से निकलकर द्रवीभूत नहीं करता था, वरन् उन समस्याओं को जड़ से उखाड़ने का उनका आह्वान भी श्रोताओं को राष्ट्रप्रेम की भावना से उत्प्रेरित कर देता था।

सावरकर ने युवा शक्ति को उठ खड़े होने और योजनाबद्ध क्रांति के लिए प्रेरित किया। उन्होंने कहा कि जवानी ही वह प्रबल शक्ति है, जो परिवर्तनों की कारक है। दामोदर विनायक सावरकर का आह्वान सुनकर दामोदर हरि विनायक चापेकर का मन मचल उठा और उन्होंने देशसेवा का व्रत ले लिया। नामों की यह समानता की संभवत: क्रांतिपथ पर चलने

की प्रेरणा बनी और इसी ने राष्ट्रवाद की महिमा सिद्ध कर दी।

उस भेंट से लौटकर ही चापेकर बंधुओं ने मंत्रणा की।

''कितना सत्य और कितना ओज था उस युवक की बातों में।'' दामोदर चापेकर ने गंभीरता से कहा, ''देशप्रेम की इतनी तड़प और परतंत्रता से मुक्ति के लिए इतना जोश विरलों में ही मिलता है। ऐसा लग रहा था कि जैसे मंगल पांडे फिर से अंग्रेजों को सावधान हो जाने की चुनौती दे रहा हो।''

''ठीक कहा भाई!'' बालकृष्ण ने कहा, ''देश की दयनीय दशा सोचनीय है। अंग्रेजी राज में न धर्म का ठिकाना है, न धन का। अंग्रेज भक्तों ने धन लूट-लूटकर अंग्रेजों और अपने खजानों में भर लिया है और अंग्रेजों ने भूखी जनता में धर्म बदलने का कुचक्र चला रखा है। ऐसे में यदि हम मौन रहे तो निश्चित ही एक दिन इस देश में भारतीयता समाप्त हो जाएगी। ईसायत देश पर हावी हो जाएगी और हिंदू धर्म विलुप्त हो जाएगा।''

देश की दयनीय दशा सोचनीय है। अंग्रेजी राज में न धर्म का ठिकाना है, न धन का। अंग्रेज भक्तों ने धन लूट-लूटकर अंग्रेजों और अपने खजानों में भर लिया है और अंग्रेजों ने भूखी जनता में धर्म बदलने का कुचक्र चला रखा है। ऐसे में यदि हम मौन रहे तो निश्चित ही एक दिन इस देश में भारतीयता समाप्त हो जाएगी। ईसायत देश पर हावी हो जाएगी और हिंदू धर्म विलुप्त हो जाएगा।

''सावरकर कह रहे थे कि हिंदू धर्म अत्यंत प्राचीन और दृढ़ है। अत: इसके विलुप्त हो जाने की सोचना भी मानसिक अपराध है।'' वासुदेव ने कहा, ''हाँ, यह क्षीण और अशक्त अवश्य हो सकता है। जिस प्रकार देश को निर्बल किया जा रहा है, उससे तो यही लगता है कि अंग्रेज इस देश को मटियामेट कर देंगे। हिंदू समाज अपने ही देश

में तिरस्कृत और असहाय रह जाएगा।''

''तिलक महाराज इन दिनों भारतीय एकता के प्रयास कर रहे थे। उनको विदेशी विद्वानों ने 'भारतीय असंतोष का जनक' कहकर उनको चित्तपावन ब्राह्मण वंश का सबसे खतरनाक और ब्रिटेन विरोधी ब्राह्मण तक कहा, परंतु उन्होंने अपने निर्भीक लेखों से जनजागरण करने का कार्य जारी रखा है। सत्य यह है कि आज की युवा शक्ति को उनका सहयोग करना होगा। हमें आगे बढ़कर युवाओं को जाग्रत् करना होगा।'' दामोदर ने कहा, ''यह जीवन यदि देश के किसी काम न आया तो व्यर्थ ही कहा जाएगा।''

''भाई! अंग्रेज सरकार की नजर में देश की सेवा करना अपराध है और वह ऐसे लोगों के साथ निर्ममता से पेश आती है। पैंतीस साल में कितने ही देशभक्त जेल में बंदी बना दिए गए हैं। अभी भी पुलिस की नजर युवाओं पर ही लगी रहती है और किसी पर भी संदेह होने पर गिरफ्तार कर लिया जाता है।''

भाई! अंग्रेज सरकार की नजर में देश की सेवा करना अपराध है और वह ऐसे लोगों के साथ निर्ममता से पेश आती है। पैंतीस साल में कितने ही देशभक्त जेल में बंदी बना दिए गए हैं। अभी भी पुलिस की नजर युवाओं पर ही लगी रहती है और किसी पर भी संदेह होने पर गिरफ्तार कर लिया जाता है।

''यह तो राष्ट्रसेवा का पुरस्कार है छोटे! क्या अपने देश की सेवा करना पाप है? दूसरों को दास बनाकर उनके जीवन को कष्टों से भर देनेवाले अंग्रेज तो कभी नहीं चाहेंगे कि भारतवासी उनकी पकड़ से निकल जाएँ, इसलिए राष्ट्रसेवा उनकी दृष्टि में तो अपराध होगा ही। क्या अंग्रेज अपने देश की सेवा में भारत जैसे देशों को लूट-खसोट नहीं रहे? क्या केवल अंग्रेज ही अपने देश से प्यार करते हैं, हिंदुस्तानी को

अपने देश से प्रेम का अधिकार नहीं है ? क्या दासता ही हमारे भाग्य में लिखी, जो आठ सौ साल पुरानी हो चुकी है ?''

''मेरा यह मतलब नहीं था।'' बालकृष्ण ने सकपकाकर कहा, ''मैं तो केवल इतना ही कहना चाहता हूँ कि इन दिनों अंग्रेज सरकार देशभक्तों के प्रति कठोर है और जरा सा संदेह होने पर परिवार भर को प्रताड़ित करती है। यदि हम देशसेवा का व्रत लें भी तो हमें इस ओर भी सोचना होगा।''

''सोचेंगे!'' दामोदर ने दृढ़ स्वर में कहा, ''हमारे धर्म में युद्ध–नीति के कई प्रकार बताए गए थे। हमारे वीर मराठा शिवाजी महाराज ने भी मुगलों की बेशुमार शक्ति को छद्‍म युद्ध से बौना सिद्ध कर दिया था। हम भी गुप्त रूप से देश की सेवा करेंगे। क्रांति का यही रूप विश्व में मान्य भी हुआ है। अमेरिका और रूस में इसी क्रांति ने आजादी की अलख जगाई है। हम भी अपना एक संगठन बनाएँगे और अपने साथी युवाओं को इससे जोड़ेंगे।''

हमारे धर्म में युद्ध–नीति के कई प्रकार बताए गए थे। हमारे वीर मराठा शिवाजी महाराज ने भी मुगलों की बेशुमार शक्ति को छद्‍म युद्ध से बौना सिद्ध कर दिया था। हम भी गुप्त रूप से देश की सेवा करेंगे। क्रांति का यही रूप विश्व में मान्य भी हुआ है। अमेरिका और रूस में इसी क्रांति ने आजादी की अलख जगाई है।

''यह तरीका अच्छा है।'' किशोर वासुदेव ने उत्साह से कहा, ''बंगाल में भी तो ऐसे कई क्रांतिकारी दल हैं, जिनसे सरकार भयभीत है।''

''और जब एक बार मार्ग बन जाते हैं तो साधन भी उपलब्ध होते जाते हैं। सावरकरजी ने कहा भी था कि क्रांतिकारी कभी अकेला या साधनहीन नहीं होता, वह तो परिवर्तन–चक्र का एक संगठित दल होता है, जो अनायास ही एक–दूसरे की सहायता से तत्पर हो जाता है।''

"वे तो यह भी कह रहे थे कि यदि युवा क्रांति सशस्त्र हो जाए तो वह दिन दूर नहीं, जब अंग्रेज भय के मारे भारत से भाग जाएँगे।"

"अब जब मन में संकल्प कर ही लिया है तो आगे का क्या सोचना। देशसेवा में यदि प्राण भी जाते हैं तो कैसा भय! भारतमाता आज अपने लाड़लों को पुकार रही है। उठो भाई, इस चित्तपावन वंश की देशसेवा का सदैव से समर्पण भावना का तिलक महाराज और बलवंतराव फड़के जैसे देशभक्तों की श्रेणी में नाम आगे बढ़ाएँ। मराठों की राष्ट्रभावना का प्रतीक बनें और अंग्रेज सरकार का विध्वंस करने में अपने प्राणार्पण करने तक योगदान दें।"

तीन भाइयों ने उत्साह और संकल्प के साथ हाथ मिलाए और पूरी दृढ़ता से राष्ट्रसेवा का वचन लिया। चित्तपावन वंश का देशप्रेमी रक्त इन तीनों युवा बंधुओं की रगों में उबलने लगा था और उन्होंने अपने आपको राष्ट्र की सेवा के लिए समर्पित कर दिया। शीघ्र ही तीनों भाइयों के प्रयास और विचार फलीभूत हुए और उनके कुछ मित्र भी उनके संगठन से आ जुड़े। आपस में गुप्त बैठकों से वार्त्ताएँ हुईं और निर्धारित लक्ष्य को लेकर कार्ययोजना का निर्धारण हुआ, फिर संगठन का नामकरण हुआ—'सोसाइटी फॉर दि रिमूवल ऑफ ऑवस्टेक्लस टू दि हिंदू रिलीजन'। इस गुप्त संस्था में चापेकर बंधुओं के खास मित्र गणेश द्रविड़ और महेश द्रविड़ नाम के दो सगे भाई भी थे।

❑

अंग्रेजभक्त मुखबिर

हर अच्छे काम में बाधाएँ आना स्वाभाविक है, परंतु सिर मुँड़ाते ही ओले पड़ने से जो उत्साह में कमी आती है, वह विडंबना ही है। तत्कालीन अंग्रेज सरकार या जासूसी तंत्र बड़ा व्यापक था, जो लगभग हर स्थान पर मौजूद था और किसी भी संभावित खतरे की खबर अंग्रेजों को देता रहता था। विडंबना यह थी कि इस जासूसी तंत्र में अंग्रेजभक्त भारतीय भी थे, जो समाज के बीच रहकर अंग्रेजों के लिए काम करते थे। इस तंत्र की सबसे अंतिम कड़ी मुखबिर और गाँवों के चौकीदार होते थे, जो हर बदलते दृश्य पर दृष्टि रखते थे। इन्हें ऐसी हर सूचना पर कुछ इनाम का लालच दिया गया था, जो इनकी अंग्रेजभक्ति का मुख्य कारण था। इलाके में तैनात दरोगा या समकक्ष अंग्रेज अधिकारी ऐसे मुखबिरों से बड़े प्रेम से बात करता था और इनको और भी प्रलोभन देता था।

चिंचवाड़ में भी ऐसे कुछ अंग्रेजभक्त मुखबिर थे, जिन्हें अभी तक उस गाँव में कुछ भी अंग्रेज विरोधी सक्रियता नहीं दिखाई देती थी, परंतु चौक-चौपालों में उनकी उपस्थिति इसी उद्‌देश्य से होती थी कि कहीं कुछ ऐसा सुनने-देखने को मिले, जिससे वे साहब लोगों को खबरदार करें और कुछ इनाम-उपहार पाएँ। चिंचवाड़ में ऐसा ही आदमी हेमनाथ था, जो प्रत्यक्ष में तो पूना से नमक-मिर्च लाकर गाँव में फेरी लगाकर बेचता था, परंतु अंग्रेजभक्त मुखबिर था, जो जरा सी बात पर दरोगा से

नमक–मिर्च लगाता रहता था। उन दिनों गाँवों की चौपालों में अकसर अंग्रेज सरकार के कुशासन से दुखी ग्रामीण आपस में जो बातें करते थे, हेमनाथ जाकर उन बातों को दरोगा से बता देता था।

''हुजूर! आज चौपाल पर कई लोग बढ़ते लगान को लेकर बात कर रहे थे। सब सरकार को कोस रहे थे कि एक तो फसल अच्छी नहीं होती, ऊपर से सरकार लगान बढ़ाती रहती है।'' हेमनाथ ने बताया।

''अरे, ये साधारण बातें हैं।'' दरोगा ने उकताकर कहा, ''किसान को तो हमेशा सरकार में यह कमी दिखती है। ऐसी बातों से हमारा समय खराब मत किया कर। यह तो गरीब अपना रोना रो रहे हैं, उन्हें रोने से थोड़े ही रोका जा सकता है। तू बस यह ध्यान दे कि कोई सरकार के खिलाफ किसी को भड़का तो नहीं रहा। किसी सरकारी लूट या हमले की योजना तो नहीं बना रहा।''

किसान को तो हमेशा सरकार में यह कमी दिखती है। ऐसी बातों से हमारा समय खराब मत किया कर। यह तो गरीब अपना रोना रो रहे हैं, उन्हें रोने से थोड़े ही रोका जा सकता है। तू बस यह ध्यान दे कि कोई सरकार के खिलाफ किसी को भड़का तो नहीं रहा। किसी सरकारी लूट या हमले की योजना तो नहीं बना रहा।

''हुजूर! चिंचवाड़ियों में इतनी हिम्मत कहाँ है!'' हेमनाथ चापलूसी से बोला, ''बेचारे ऊँचा बोल नहीं सकते, ऐसे काम तो क्या सोचेंगे! आपका अर्दली भी घोड़े पर बैठकर गाँव से गुजर जाए तो सारे गाँव में मरघट का सा सन्नाटा छा जाता है।''

''ऐसा ही होना चाहिए। सरकार का डर कायम रहना चाहिए।''

''पर हुजूर! चौपाल पर बैठकर वे सब सरकार के सर्वनाश की कामना तो करते हैं। कहते हैं कि एक दिन भगवान् अवतार लेंगे और

इस अत्याचारी शासन को उखाड़ फेंकेंगे।''

''यह तो हमारे भारत की पुरानी परंपरा है। भगवान् के आश्रय तो सोमनाथ का मंदिर लुट गया।'' दरोगा हँसकर बोला, ''मूरख! नहीं जानते कि भगवान् तो अंग्रेजों का भी है। वह क्या उनकी मदद नहीं करता।''

''वही तो! हुजूर, तो क्या गरीब की कोई मदद नहीं होगी।'' हेमनाथ ने आशा भरी नजरों से कहा, ''तंगी चल रही है। अब तो ताड़ी वाला भी ताड़ी नहीं देता। हुजूर! उसे ही धमका देते तो"'!''

''पागल हुआ है! तेरी ताड़ी के लिए इतने काम के आदमी को धमका दूँ। अरे, तू काम की खबर लाएगा तो इनाम मिलेगा न! इन सब बातों को तो हम यहाँ बैठे-बैठे सोच लेते हैं। सरकार इतनी पागल नहीं कि जरा सी बात पर इनाम फेंकती रहे। पूना में तिलक महाराज के पीछे कितने मुखबिर लगे हैं, पता है तुझे!''

पागल हुआ है! तेरी ताड़ी के लिए इतने काम के आदमी को धमका दूँ। अरे, तू काम की खबर लाएगा तो इनाम मिलेगा न! इन सब बातों को तो हम यहाँ बैठे-बैठे सोच लेते हैं। सरकार इतनी पागल नहीं कि जरा सी बात पर इनाम फेंकती रहे। पूना में तिलक महाराज के पीछे कितने मुखबिर लगे हैं, पता है तुझे!

''अब हुजूर! गाँववाले तो तिलक महाराज नहीं बन सकते।''

''बनने भी नहीं चाहिए! हम बनने भी नहीं देंगे। इतना भी काम तू करता रहे तो भी शाबाशी तो मिलेगी ही।''

''हुजूर! शाबाशी से ताड़ी तो नहीं मिलती।''

''ताड़ी ही पिएगा तो तू हमारे किसी काम का नहीं। सरकार को ईमादार, कर्मठ और होशियार लोगों से प्रेम होता है। ताड़ी पीकर तेरा

दिमाग कहाँ ठिकाने रहता होगा! इसलिए तू आज तक चवन्नी का इनाम भी नहीं पा सका है। मूरख! काम पर ध्यान दे। अगर ताड़ी में ही रहा तो किसी दिन मैं तुझे ही हवालात में बंद कर दूँगा।''

''हुजूर!'' हेमनाथ के होश उड़ गए, ''क्षमा! क्षमा!! आइंदा कभी ताड़ी की बात भी नहीं करूँगा। चलता हूँ।''

''जा''' और सुन! चौपालों पर बुड्ढों की बातों में कुछ नहीं रखा। इनाम चाहता है तो नौजवानों के बीच जा। वहाँ कुछ पल्ले पड़ेगा। बुड्ढे तो रोना रोते रहते हैं, पर जवान जरूर उपद्रवी बात सोचते होंगे।''

''जी हुजूर! अब ऐसा ही किया करूँगा।''

हेमनाथ इनाम के चक्कर में अब गाँव के जवानों के पास उठने-बैठने लगा था और सूँघने लगा कि कोई मतलब की बात पल्ले पड़े, परंतु यह उसका दुर्भाग्य ही था कि उस ताड़ीबाज की अकड़ और दरोगा से पहचान रखने के दावे को सब जानते थे कि वह अंग्रेजी पिट्ठू है और उसके सामने कोई भी ऐसी बात नहीं करता था, जिससे हेमनाथ चुगली कर सके। दरोगा का दौरा गाँवों में होता रहता था। सिपाही तो अकसर ही दिन में एक-दो बार घोड़ों पर बैठ गश्त लगाते गुजरते थे। हेमनाथ ताड़ी के नशे में उनसे सलाम करता और चायपानी की बात तक करता। एक दिन दरोगा ने उसे पकड़कर मँगाया और हवालात में बंद कर दिया।

हेमनाथ इनाम के चक्कर में अब गाँव के जवानों के पास उठने-बैठने लगा था और सूँघने लगा कि कोई मतलब की बात पल्ले पड़े, परंतु यह उसका दुर्भाग्य ही था कि उस ताड़ीबाज की अकड़ और दरोगा से पहचान रखने के दावे को सब जानते थे कि वह अंग्रेजी पिट्ठू है और उसके सामने कोई भी ऐसी बात नहीं करता था, जिससे हेमनाथ चुगली कर सके।

"क्यों बे! मुखबिर तेरे जैसा होता है?" दरोगा ने आँखें निकालीं, "तेरे सामने तो कोई झूठ भी न बोले, सच तो दूर! सारे गाँव में तूने अपनी औकात बता दी है कि तू पुलिस का खास है तो कौन तेरे सामने मुँह फाड़ेगा।"

"हुजूर! गलती हो गई।" हेमनाथ रो पड़ा, "ताड़ी के नेश में बड़े बोल निकल गए होंगे। इस बार माफ कर दीजिए।"

"तू हमारे किसी काम का नहीं है। अरे, मुखबिर वह होता है, जो लोगों को तो अपना हितैषी लगता है और वफादार सरकार का होता है। मुखबिर खुद ऐसी बात छेड़ता है कि अपराधी अपने मन की कहने लगता है, पर तू तो नशे में खुद को वाइसराय साहब का साला बताता है।"

"हुजूर! अब कभी ताड़ी नहीं पीऊँगा। वफादारी और चालाकी से काम करूँगा।"

"या तुझे जेल भेजकर चिंचवाड़ में किसी और को खोजूँ?" दरोगा ने कहा।

"हुजूर! मर जाऊँगा। इस बार क्षमा करें।"

"तो हम जैसा कहेंगे, वैसा करेगा?"

"अन्नदाता! आपका वफादार कुत्ता बनकर रहूँगा।"

दरोगा ने उसे चार दिन बाद जब हवालात से छोड़ा तो उसकी हालत खराब कर दी, परंतु अब वह पक्का और कुटिल मुखबिर बन गया था। उसे सबकुछ सिखा-पढ़ाकर छोड़ा गया।

❑

हेमनाथ की मुखबिरी

हेमनाथ गाँव पहुँचा और चौपाल पर खिसियाना, उदास और सिर पकड़कर बैठ गया। धीरे-धीरे गाँव के लोग उसके आस-पास इकट्ठा होने लगे।

"अरे हेमू! क्या हुआ था? तुझे सिपाही क्यों पकड़कर ले गए थे?" एक वृद्ध ने पूछा।

"काका!" हेमनाथ रो पड़ा, "किसी ने मेरी शिकायत लगा दी। दरोगा को कह दिया कि मैं ताड़ी पीकर गाँव में उत्पात करता हूँ। किसी ने देखा मेरा उत्पात!"

"पर··· दरोगा तो तेरा जाननेवाला था।"

"इसी झूठ पर तो चार दिन पिटाई खाई। दरोगा तो राक्षस है। बोला था कि मैंने उसका नाम लेकर गाँववालों को डराया तो मुझे काला पानी भेज देगा।"

"हमने तो पहले ही कहा था कि पुलिस किसी की सगी नहीं होती, पर तू मानता ही नहीं था। अब सब खबर लग गई।"

"अब कसम खाता हूँ, कभी ऐसी बात न करूँगा। ताड़ी भी नहीं पीऊँगा।"

हेमनाथ ने वाकई ऐसा कर दिखाया। अब वह ताड़ी नहीं पीता था। गाँव में गश्त आने पर अपने घर में जा छुपता था। किसी को सरकार का भय नहीं दिखाता था। धीरे-धीरे हेमनाथ ने लोगों का

विश्वास जीत लिया। अब वह निर्भय होकर सरकार विरोधी चर्चाओं में शामिल होता था। एक दिन हेमनाथ ने तालाब किनारे बैठे गाँव के चार युवकों को बतियाते देखा तो उनके पास पहुँच गया। उन्होंने उसके पहुँचते ही बातचीत बंद कर दी थी तो हेमू शंकित हो उठा।

"क्या हुआ भैया! मौन क्यों हो गए?" हेमू ने हँसकर पूछा।

"बस ऐसे ही। हम तो आपसी बातें कर रहे थे।"

"मैं समझा कि कुछ खास बात थी।" हेमनाथ बैठ गया, "खैर, जवानों के पास अपनी खास बातें होती हैं। अब हम तो अधेड़ हो गए। सुना है कि इस बार नया तहसीलदार बड़ा बेरहम आया है। गाँवों में हाँक लगा दी है कि लगान की पाई-पाई चुकता कर दें, वरना बुरा हाल करेगा।"

हेमनाथ बैठ गया, "खैर, जवानों के पास अपनी खास बातें होती हैं। अब हम तो अधेड़ हो गए। सुना है कि इस बार नया तहसीलदार बड़ा बेरहम आया है। गाँवों में हाँक लगा दी है कि लगान की पाई-पाई चुकता कर दें, वरना बुरा हाल करेगा।"

"अंग्रेजी राज है भैया! गरीबों के लिए ऐसे फरमान तो निकलेंगे ही। उन्हें कौन रोकनेवाला है! अब गरीब को देखना है कि अपनी चमड़ी कैसे बचाए।"

"ऐसे तहसीलदार को तो सूली पर लटका देना चाहिए।" हेमू ने पत्ता फेंका।

"लटकेगा ही, गरीबों की हाय लेगा तो भगवान् एक दिन सूली पर लटका देगा। जुल्म कब तक सहेगी प्रजा!"

"किसी दिन कोई नौजवान क्रोध में आ गया तो भले ही फाँसी पर चढ़ जाए, पर ऐसे बेरहम तहसीलदार को तो जरूर ही सजा मिलेगी।"

"अब जाने कौन इतनी हिम्मत करेगा।"

"कौन क्या! मैं कर सकता हूँ। तुम भी कर सकते हो।" हेमनाथ ने कहा, "कोई भी कर सकता है। बस, मन में क्रोध होना चाहिए।"

"वह तो तुम्हारे मन में होगा, हेमू भैया! अकारण पिटाई तो तुम्हारी हुई है।"

हेमनाथ ने इधर-उधर की कुछ बातें कीं और उन लड़कों की बचकानी बातों में अपना इनाम खोज लिया। आज पहली बार दरोगाजी का सिखाया सबक काम आ रहा था। कैसे उसने चालाकी से जान लिया कि वह चारों लड़के नए तहसीलदार को मारने की फिराक में हैं।

"मेरा दाँव लगा तो चूकूँगा भी नहीं। वैसे भी मेरे आगे-पीछे कौन है! जीवन इस काम आ जाए तो मैं समझूँगा कि सार्थक हो गया। ऐसे कुशासन में जीकर भी क्या करना!" हेमनाथ ने रोष भरे स्वर में कहा।

"कर ही डालो भैया! क्षेत्र की जनता बड़ी आशीष देगी। मरकर भी अमर हो जाओगे। कई पीढ़ियों तक याद किए जाओगे।" एक लड़के ने कहा।

"तुम सब साथ दो तो मैं कर भी दूँगा।"

"हम तो साथ ही हैं। आप कदम तो आगे बढ़ाइए।"

हेमनाथ ने इधर-उधर की कुछ बातें कीं और उन लड़कों की बचकानी बातों में अपना इनाम खोज लिया। आज पहली बार दरोगाजी का सिखाया सबक काम आ रहा था। कैसे उसने चालाकी से जान लिया कि वह चारों लड़के नए तहसीलदार को मारने की फिराक में हैं। अब दरोगा इस खबर पर पीठ भी ठोंकेगा और इनाम भी जरूर देगा, परंतु हेमनाथ अब चालाकी से काम लेगा। अपने मुखबिर होने की भनक भी किसी को न लगने देगा। वह रात को गाँव से निकला

और दरोगा को यह सूचना नमक-मिर्च लगाकर सुनाई।

"हुजूर! नए तहसीलदार साब पर जनता कुपित है। बड़े-बड़े तो भगवान् से ही कामना कर रहे हैं, पर नौजवान तो अपने हाथों से उन्हें मार डालने की योजना बना रहे हैं। मैंने अपने कानों से सुना और आँखों से देखा। चारों लड़के तालाब किनारे अकेले बैठे कानों में बतिया रहे थे। मेरे पहुँचते ही मौन हो गए, फिर मैंने अक्ल से काम लेकर उन्हें कुरेदा तो उन्होंने अपने मन की बात कहनी शुरू कर दी। आपका तजुरबा कारगर रहा, हुजूर!"

"हूँ। उन लड़कों के नाम और वल्दियत सब बता! मैं उनका दिमाग ठिकाने लगाता हूँ। तहसीलदार को मारना हँसी-ठट्ठा है! सालों की खाल में भूसा भर दूँगा। यह तूने अक्ल का और इनाम का भी काम किया है। अब तू जा और मैं आगे की काररवाई देखता हूँ।" दरोगा ने कहा।

"हुजूर! मेरा इनाम⋯।"

"अभी कुछ सामने तो आने दे। इनाम भी मिल ही जाएगा।"

हेमनाथ तत्काल निराशा और भविष्य की आशा में डूबता-उतरता हुआ अपने गाँव आ गया। शाम को पुलिस की गाड़ी आई और उन चारों लड़कों को मार-पीटकर अधमरा करके अपने साथ ले गई। गाँव में दहशत व्याप्त हो गई।

❑

मुखिया की अंग्रेजपरस्ती

"यह तो अन्याय है।" दामोदर चापेकर ने कहा, "पुलिस अकारण हमारे बच्चों को उठाकर ले जाती है और हम कुछ नहीं कर पाते। वे बच्चे भला किसी प्रकार का अपराध कैसे कर सकते हैं? किस अपराध में बंदी बनाए गए हैं?"

"कुछ नहीं पता दामोदर!" एक वृद्ध ने हताशा से कहा, "सिपाही आए और चारों लड़कों को जानवरों की तरह पीटा। सारा गाँव घरों में बंद हो गया था। किसी ने भी कुछ जानने-पूछने की हिम्मत नहीं दिखाई।"

"किसी ने बच्चों की कोई शिकायत तो जरूरत लगाई है। कम-से-कम वह आदमी तो बताए कि उन लड़कों का कसूर क्या था? वैसे ही अंग्रेजी राज में कसूर-बेकसूर का अर्थ नहीं रह गया, मगर ऐसी भी क्या शिकायत कि पुलिस से ही की जाए। लड़के छोटे-छोटे कसूर करते रहते हैं, पंच सब सुलझा देते हैं।"

"अब क्या करें दामोदर भाई?"

"मुखियाजी के पास चलते हैं। वही कुछ करेंगे। दरोगा उनकी तो सुनेगा।" दामोदर चापेकर कुछ सोचते हुए बोले।

सभी गाँववाले मुखिया के पास पहुँचे और अपनी व्यथा सुनाई।

"कुछ तो गलती होगी लड़कों की।" मुखिया ने हुक्का गुड़गुड़ाकर कहा, "अंग्रेजी राज में चाहे जो हो, बिना कारण गिरफ्तारी नहीं होती।

साहब लोग न्याय के बड़े पक्के होते हैं। होना-जाना कुछ है नहीं और बातें इतनी बना देते हैं कि वाइसराय को भी लंदन भगाकर दम लेंगे। अरे भाई! राजा तो राजा होते हैं, परजा को तो उनको खुश रखना चाहिए। अब तक गाँव में ऐसी कोई बात नहीं हुई।''

''मुखियाजी!'' दामोदर ने धीरे से कहा, ''उन लड़कों की गलती क्या होगी! वे तो अभी छोटे हैं। पुलिस को कोई गलतफहमी भी तो हो सकती है।''

''ऐसे कैसे गलती हो जाएगी। हम किसलिए बैठे हैं। छोटी-मोटी बातें होती है तो पुलिस पहले हमें बताती है। दरोगा 'मुखियाजी-मुखियाजी' कहता है। जरूर कोई बड़ा मामला है, तभी इस बार पुलिस ने हमें भी नहीं बताया।''

ऐसे कैसे गलती हो जाएगी। हम किसलिए बैठे हैं। छोटी-मोटी बातें होती है तो पुलिस पहले हमें बताती है। दरोगा 'मुखियाजी-मुखियाजी' कहता है। जरूर कोई बड़ा मामला है, तभी इस बार पुलिस ने हमें भी नहीं बताया।

''मुखियाजी! पता तो चले कि ऐसा क्या हो गया है, जो गाँव के मालिक को भी नहीं पता? हमारे गाँव में ऐसा तो नहीं होना चाहिए।''

''हूँ! मैं देखता हूँ कि माजरा क्या है! पर तुम सब लोग अपने बच्चों पर नजर रखो। आजकल हवा बदल रही है। कुछ सिरफिरे लोग लड़कों को सरकार के खिलाफ भड़काने में लगे हैं और यह राजद्रोह कहा जाता है। हमारे गाँव में ऐसा कुछ न हो, इसकी जिम्मेदारी हम सबकी है। सरकार से टकराना हँसी-खेल नहीं है। हाकिम चाहें तो गाँव को तोप से उड़ा दें। यह तो हमारे जैसे लोगों की सरकार और शासन में इज्जत है, वरना तुम्हें कौन पूछता है।''

''मुखियाजी, हमारे बच्चे…।''

''चुप रहो। पहले तो उनको वश में नहीं रखते, फिर रोते हो।

तुम लोग इसी अंग्रेजी राज में बूढ़े हुए हो। कभी अन्याय होते देखा है। सरकार अपनी परजा को कौन दुःख दे रही है। नहरें बनाई हैं, मिलें चलाई हैं! सब परजा के सुख के लिए। अब कुछ सिरफिरे मेहनत तो करते नहीं, विद्रोह करते हैं। हमारे पुरखों ने कितने तो दरोगा और तहसीलदार देखे, हम भी देख रहे हैं, हमें तो कोई परेशानी नहीं है। हमारे बच्चे बिलायत में पढ़ रहे हैं। आकर कितनी तारीफ करते हैं वहाँ की। भैया, निकम्मों को कोई सरकार नहीं भाती। मुगलों के जमाने में भी ऐसे ही सिरफिरे रहे थे और आज भी हैं। तिलक महाराज जैसे बनेंगे। अरे, वे पढ़े-लिखे विद्वान् राजनीतिज्ञ हैं। विदेशों में उनकी इज्जत है। राजनीति और सरकार में ऐसा चलता है। बड़े लोगों की बड़ी बातें हैं। परजा को इनसे क्या!''

''अब मैं देखता हूँ कि क्या माजरा है!'' मुखिया ने हाथ उठाकर कहा, ''सब लोग जाओ। तहसीलदार की बात तो सबने सुन ली होगी। इस बार लगान में कोई माफी नहीं होगी। सब इंतजाम कर लो।'' ''अभी फसल आने में देर है, मुखियाजी!'' दामोदर ने कहा।

दामोदर चापेकर का खून खौल रहा था। ऐसे अंग्रेजभक्तों के कारण ही तो देश आज सिसक रहा था। दामोदर की मुखमुद्रा बदलती देख बालकृष्ण ने अपने भाई का हाथ धीरे से दबाकर क्रोध को पीने के लिए कहा।

''अब मैं देखता हूँ कि क्या माजरा है!'' मुखिया ने हाथ उठाकर कहा, ''सब लोग जाओ। तहसीलदार की बात तो सबने सुन ली होगी। इस बार लगान में कोई माफी नहीं होगी। सब इंतजाम कर लो।''

''अभी फसल आने में देर है, मुखियाजी!'' दामोदर ने कहा।

''यह तो अच्छी बात है कि हाकिम ने पहले ही सचेत कर दिया।

नए तहसीलदार साहब बड़े अच्छे हैं। कहते हैं कि किसान को समय से चेत जाना चाहिए, जिससे कोई परेशानी ही सामने न आए।''

''मगर फसल तो इस बार भी अच्छी नहीं है, मुखियाजी! बारिश कम हुई है।''

''देखो भाई, तुम्हारा काम तो भजन-कीर्तन करना है। फसल से तुम्हारा क्या लेना-देना। भगवान् बारिश देखकर नहीं, मन देखकर अन्न देते हैं। मन शुद्ध रखो। फसल जैसी भी हो, पहले लगान देंगे, ऐसे सोचो। देखना, फसल भी अच्छी होगी और कोई परेशानी नहीं आएगी।''

दामोदर को क्रोध तो बहुत आ रहा था, परंतु अभी उन्हें अपना क्रोध पालना था।

''अब सब जाओ। मैं मुनीमजी को शहर भेजकर दरोगा से पड़ताल कराता हूँ। एक बात मैं पहले ही कहे देता हूँ कि यदि कोई गंभीर बात हुई तो गाँव की भलाई के लिए उन लड़कों की हायतौबा बंद कर देना। कहीं ऐसा न हो कि हाकिम रुष्ट होकर सारे गाँव को बाँध ले जाए।''

❑

चापेकर बंधुओं की सक्रियता

सब लोग पहले से ही भयभीत थे, मुखिया ने और भी भय बढ़ा दिया। जो लड़के गिरफ्तार हुए थे, उनके माता-पिता रो-रोकर परेशान थे। दामोदर ने उनको धैर्य बँधाया और भगवान् पर भरोसा रखने को कहा। गाँव भर में दो दिन मातम रहा। आखिरकार मुखिया ने सबको बुलाया।

''मैं न कहता था कि कोई गंभीर बात है, वरना दरोगा इतनी हिम्मत न करता कि मुझे बिना बताए लड़कों को उठवा लेता।'' मुखिया ने कहा, ''लड़कों ने ही औकात से बढ़कर बात की है। तहसीलदार साहब को मारने की योजना बना रहे थे। वह क्षेत्र का मालिक है। बड़े सड़क कूटनेवाले (बुलडोजर) से सारे क्षेत्र को मैदान बनाने की ताकत रखता है। तुम्हारे लड़के उसको मारने की योजना में जुटे थे। दरोगा की नजर दूर तक रहती है। उसका अपना जासूसी तंत्र है। चिड़िया भी गलत जगह बीट कर दे तो उसे पता चल जाता है। भई, सरकार की करोड़ों आँखें होती हैं। धर लिये गए और मार पड़ी है कि महीनों तो बिस्तर से नहीं उठकर खड़े हो पाएँगे।''

''मगर...मगर मुखियाजी! इतने छोटे लड़के।'' दामोदर ने कहा।

''इसी कारण बच गए। हमने दरोगा को समझाया कि बच्चे अकसर आपस में ऐसे विचार बनाते हैं, क्योंकि इनके दिमाग कल्पनाशील होते हैं। वास्तव में तो वे तहसीलदार की परछाईं भी नहीं छू सकते। अभी

अंडे में से निकले हैं, पर बाँग देनी शुरू कर दी। दरोगा ने हमारी बात समझी और मानी कि बच्चे अपनी कल्पना में कहानी की तरह राक्षस मारने में सिद्ध होते हैं। क्षमादान दे दिया, पर इसमें मेरा तीस रुपया खर्च हो गया। सबको चाय-पानी देना पड़ा। शाम तक लड़के घर आ जाएँगे, पर सब लोग इसे हमारी मेहरबानी और दरोगा की चेतावनी समझना। बच्चों पर अंकुश लगाना। पुलिस की नजर गाँव पर पड़ गई है। अब जो ज्यादा देशभक्त बना, मिट्टी भी न पाएगा।''

गाँववालो! यह मुखियाजी का तुम सब पर उपकार है, जो ये लड़के वापस आ गए, वरना इनकी भूसा भरी खाल ही यहाँ आती। इनको अभी नाड़ा बाँधना आता नहीं और सोचते हैं ऐसी बातें। सरकार की सहस्रों आँखें हैं। तुम सोचते हो कि तुम सोचोगे और कर लोगे, सरकार को पता नहीं चलेगा।

सबने मुखियाजी की जय-जयकार की। आखिर तो उन्हीं के प्रताप से उन बच्चों का जीवन बचा था। सब अपने-अपने घर गए। शाम को एक बैलगाड़ी में टूटे-फूटे चारों लड़के गाँव आ गए। साथ आए सिपाहियों ने सारे गाँव को इकट्ठा कर लिया और दरोगा का फरमान सुनाया—

''गाँववालो! यह मुखियाजी का तुम सब पर उपकार है, जो ये लड़के वापस आ गए, वरना इनकी भूसा भरी खाल ही यहाँ आती। इनको अभी नाड़ा बाँधना आता नहीं और सोचते हैं ऐसी बातें। सरकार की सहस्रों आँखें हैं। तुम सोचते हो कि तुम सोचोगे और कर लोगे, सरकार को पता नहीं चलेगा। ऐसा नहीं होता। सरकार सब जानती है।''

वृद्धों के सिर सहमति में हिले और युवाओं में तीव्र आक्रोश पनपा।

''दरोगाजी ने कहा है कि अब इस गाँव पर उनकी कड़ी नजर रहेगी। किसी ने मन में भी गलत विचार किया तो यहीं पेड़ पर टाँग देंगे।''

गाँववालों ने सहमकर हाथ जोड़ लिये। सिपाही चले गए। लड़कों को उनके माँ-बाप अपने-अपने घर ले गए। चापेकर बंधु और उनके मित्र चिंतित हो उठे। जिस प्रकार का व्रत उन्होंने लिया था, उसमें सबसे बड़ा खतरा तो वह जसूसी तंत्र ही था, जो पुलिस को क्रांतिकारियों की खबर देता था। उन लड़कों ने तो बचपन दिखाते हुए केवल सोचा ही था और उनकी खबर पुलिस तक पहुँच गई थी। जरूर गाँव में पुलिस का कोई मुखबिर था, जो आगे चलकर उनके लिए भी संकट खड़ा कर सकता था। उसकी पहचान करना जरूरी था। इस बारे में जानकारी जुटाने के लिए वे सक्रिय हो उठे थे। इसी उद्देश्य को लेकर चापेकर बंधु (दामोदर और बालकृष्ण) आधी रात को एक लड़के के घर पहुँचे।

गाँववालों ने सहमकर हाथ जोड़ लिये। सिपाही चले गए। लड़कों को उनके माँ-बाप अपने-अपने घर ले गए। चापेकर बंधु और उनके मित्र चिंतित हो उठे। जिस प्रकार का व्रत उन्होंने लिया था, उसमें सबसे बड़ा खतरा तो वह जसूसी तंत्र ही था, जो पुलिस को क्रांतिकारियों की खबर देता था।

"तुम लोगों ने बड़ी हिम्मत दिखाई।" दामोदर प्रशंसा करते हुए बोला, "बेशक उम्र में छोटे हो, पर देश के लिए इतना सोचना भी शुभ संकेत है, मगर यह समझ में नहीं आ रहा कि सोचा तुमने और खबर दरोगा को हुई कैसे?"

"भैया! हमने तो कुछ भी नहीं सोचा था। हमारे तो दिमाग में भी कभी कोई ऐसी बात नहीं आई। हमें गुल्ली-डंडे से ही फुरसत नहीं रही।" लड़के ने रोते हुए बताया, "यह हम पर थोपा गया आरोप है।"

"कुछ तो चर्चा तहसीलदार को लेकर तुमने की ही होगी।"

"हमने नहीं। हेमू भैया ने की थी। हम तो हाँ-में-हाँ मिला रहे थे।"

"क्या बात हुई थी? सारी बात बताओ।"

लड़के ने सारी बात सुना दी। अब कोई संदेह नहीं रह गया था कि गाँव में पुलिस का मुखबिर हेमनाथ था। वह पहले भी पुलिस का खास रह चुका था और अब ऐयारी कर रहा था। दामोदर ने मन-ही-मन उसे सबक सिखाने की ठान ली थी। बुरी तरह जख्मी हो रहे लड़के के पिता को दामोदर ने पाँच रुपए देकर उसे ठीक से देखभाल करने को कहा, फिर वे दूसरे लड़के से भी मिले और पूर्णतया संतुष्टि कर ली कि हेमनाथ ही सारे फसाद की जड़ है। दूसरे लड़के को भी सहायतार्थ पाँच रुपए देके चापेकर बंधु घर लौटे। यह पैसा उनके संगठन में मिल-जुलकर ऐसे ही सद्कार्यों के लिए इकट्ठा किया जाता था। अगले दिन दामोदर ने अन्य दो लड़कों को भी आर्थिक मदद पहुँचाई और फिर अपने सभी साथियों से मिलकर उस विषय पर चर्चा की।

❑

चापेकर बंधुओं की मुखबिरी

आज चिंचवाड़ के हनुमान् मंदिर पर कीर्तन हो रहा था। मंगलवार का दिन था तो सुबह ही गाँववालों ने मिलकर यह आयोजन कर लिया और चापेकर बंधुओं से उस कीर्तन को सफल बनाने की प्रार्थना की थी। मंगलवार को चापेकर बंधु अधिकतर मुखिया के यहाँ आमंत्रित होते थे, जो खुद को हनुमान् का परमभक्त कहता था और कीर्तन कराता था। वैसे वह कीर्तन में दस-बीस मिनट ही बैठता था, परंतु दस-बीस रुपया चापेकर बंधुओं को हनुमान् के नाम पर दे देता था। आज मंदिर का कीर्तन का सामूहिक आयोजन हुआ तो दामोदर असमंजस में पड़ गए। गाँववालों की बात टालना उन्हें स्वीकार नहीं था और मुखिया को टालना उचित नहीं था। वह आदमी ऐसी बात को अपने मान-सम्मान का प्रश्न बनाकर हत्थे से उखड़ सकता था और कुपित होकर कुछ उलटा-सीधा कर सकता था। बड़ी विचित्र स्थिति थी। सोचा कि मुखिया के घर बालकृष्ण को वासुदेव के साथ भेज दिया जाए और मंदिर पर खुद रंग जमाया जाए, परंतु मुखिया को शायद यह भी स्वीकार नहीं होता। अतः दामोदर ने मुखिया से मिलना ही ठीक समझा।

दामोदर दोपहर से पहले ही मुखिया की हवेली पर पहुँचे, जहाँ दरबान ने प्रतीक्षा करने को कहा और उन्हें बाहर ही बैठना पड़ा।

"आज कीर्तनवा नहीं होगा भाऊ!" दरबान ने धीरे से बताया, "घर में मेहमान आए हैं, शहर से नचनियाँ आ रही हैं।"

दामोदर ने चैन की साँस ली। भगवान् ने खुद ही समस्या का हल कर लिया था, वे चलने को हुए तो दरबान ने फिर टोका—

''मिल जाओ भाऊ! मुखियाजी का आज्ञा-पत्र लेते जाओ। क्या पता नचनियाँ आईं रात को दो बजे तो मेहमानों का जी तो बहलाना ही है।''

दामोदर ने आज्ञा-पत्र आवश्यक समझा और बैठ गया। बहुत देर प्रतीक्षा करने के बाद मुखिया का बुलावा आया। दामोदर जाकर मिले।

''आज तो भाई हनुमान्‌जी का सुमिरन नहीं हो पाएगा। बाहर से मेहमान आए हैं। उनकी खातिर-तवज्जो करनी है तो कहाँ टैम मिलेगा। अगले मंगलवार देखेंगे।''

दामोदर ने आज्ञा-पत्र आवश्यक समझा और बैठ गया। बहुत देर प्रतीक्षा करने के बाद मुखिया का बुलावा आया। दामोदर जाकर मिले। ''आज तो भाई हनुमान्‌जी का सुमिरन नहीं हो पाएगा। बाहर से मेहमान आए हैं। उनकी खातिर-तवज्जो करनी है तो कहाँ टैम मिलेगा। अगले मंगलवार देखेंगे।''

''जो हुक्म मुखियाजी! मेहमानों की आवभगत जरूरी है। भगवान् तो अपने ही हैं। दो घड़ी ध्यान धर लो तो भी प्रसन्न हो जाते हैं।''

''तुम्हारा दिन हर्ज हो गया। कोई बात नहीं, अगली बार पाँच रुपया ज्यादा दे देंगे।''

दामोदर को ऐसे अहंकारी पाखंडी पर क्रोध तो बहुत आता था, पर वे अपने क्रोध को विवशता से पी लेते थे। ऐसे लोग समझते थे कि रुपया खर्च कर देने भर से भगवान् उन पर प्रसन्न रहते हैं।

दामोदर वहाँ से उठकर प्रणाम करके चल दिए। उसकी दुविधा दूर हो गई थी कि अब वे गाँववालों के साथ मिलकर गाएँगे, जिसके लिए तीनों भाइयों ने विशेष तैयारी की थी। अब वे केवल धार्मिक भजन ही

नहीं, बल्कि देशप्रेम से भरे ऐसे गीत भी तैयार कर चुके थे, जो जनता में राष्ट्रीय भावना का संचार कर सकते थे। उन्होंने इसी माध्यम से जन-जागरण करने का लक्ष्य लिया था। वीर शिवाजी, नाना साहेब, मंगल पांडे आदि पर आधारित कई ऐसे गीत उन्होंने गढ़ लिये थे और उनके लिए ऐसे ग्रामीण मंच सर्वथा उपयुक्त थे।

शाम से ही गाँव भर में चहल-पहल होने लगी थी। ऐसे धार्मिक आयोजन गाँव में उत्सव की तरह मनाए जाते थे। आस्था और श्रद्धा का यह सैलाब ग्रामीण क्षेत्रों में सदैव से ही भारतीय संस्कृति का परिचायक रहा है। बच्चे-बूढ़े, युवा सभी जल्दी-जल्दी अपना काम खत्म करके मंदिर की ओर जा रहे थे।

शाम से ही गाँव भर में चहल-पहल होने लगी थी। ऐसे धार्मिक आयोजन गाँव में उत्सव की तरह मनाए जाते थे। आस्था और श्रद्धा का यह सैलाब ग्रामीण क्षेत्रों में सदैव से ही भारतीय संस्कृति का परिचायक रहा है। बच्चे-बूढ़े, युवा सभी जल्दी-जल्दी अपना काम खत्म करके मंदिर की ओर जा रहे थे। जल्दी ही गणेश-वंदना के साथ कीर्तन आरंभ हो गया और चापेकर बधुओं ने सुर-लय और ताल से जो रंग जमाया, उससे वातावरण धर्ममय हो गया। श्रोतागण भावविभोर होकर ताली बजा रहे थे। भारतीय धर्म-आस्था का विहंगम दृश्य था। कई धार्मिक भजनों के बाद देशप्रेम से ओतप्रोत मराठा शिरोमणि वीर शिवाजी पर आधारित एक गीत सुनाकर चापेकर बंधुओं ने अपने व्रत का श्रीगणेश किया। युवाओं के लिए तो यह गीत प्रेरणा से भरा था, परंतु गाँव के वृद्धजन शंकित हो उठे। ऐसे गीतों के भावार्थ तो उनकी समझ में आते ही थे और उनके परिणाम भी उनकीर समझ में आ जाते थे। सरकार ऐसे कामों को गंभीर अपराध की श्रेणी में गिनती थी।

वृद्धजनों ने कुछ देर बाद ही अरुचि दिखाते हुए भजन सुनाने की

माँग कर दी और चापेकर बधुओं ने समय की नजाकत भाँपकर ऐसा ही किया। आधी रात के बाद यह कार्यक्रम संपन्न हुआ और सब अपने-अपने घर की ओर चल दिए, मगर एक आदमी ने गाँव से बाहर का रास्ता पकड़ा। वह हेमनाथ था, जिसने उन गीतों को विप्लबी महसूस कर लिया था और यह सूचना दरोगाजी को पहुँचाकर उसे अपनी अंग्रेजभक्ति और सरकारी निष्ठा तो सिद्ध करनी ही थी। वह इनाम भी पाना था, जो पिछली बार नहीं मिल पाया था। वह भोर होते-होते थाने पहुँच गया और दरोगा के जागने की प्रतीक्षा करने लगा। बहुत देर बाद दरोगा नहा-धोकर उससे मिला।

वृद्धजनों ने कुछ देर बाद ही अरुचि दिखाते हुए भजन सुनाने की माँग कर दी और चापेकर बधुओं ने समय की नजाकत भाँपकर ऐसा ही किया। आधी रात के बाद यह कार्यक्रम संपन्न हुआ और सब अपने-अपने घर की ओर चल दिए, मगर एक आदमी ने गाँव से बाहर का रास्ता पकड़ा।

"क्या है बे! इतनी सुबह-सुबह मनहूस शक्ल क्यों दिखाई?" दरोगा ने भन्नाकर कहा, "तेरे कारण पहले ही हमारी बेइज्जती होते-होते बची है। कहता था कि पक्की खबर है। तहसीलदार को मारने की तैयारी हो चुकी है।"

"हुजूर! मुझे तो उन लड़कों के जोश से ऐसा ही लगा था।" हेमनाथ गिड़गिड़ाकर बोला, "कमीने ऐसे कहते थे कि साब सामने आएँ तो फौरन काट डालें।"

"चुप कर। यह सब तूने कहा था। उन लड़कों ने सारी बात मुझे बता दी थी। तूने ही चतुर जासूस बनकर उन्हें उकसाया था, वरना जो नाड़ा नहीं बाँध सकते, वे ऐसी भयंकर बात कैसे सोच सकते हैं! तूने उन्हें जुबान दी।"

''सरकार! मैं तो उनके मन की थाह ले रहा था।''

''अरे, दस-बारह साल के लड़कों के मन की क्या थाह लेना! उन्हें तो ऐसी बातें राजकुमार और शासक की कहानियाँ जैसी लगती हैं। अब बोल, सोच-समझ के बोल कि तेरे पास क्या खबर है? ध्यान रखियो, इस बार मैं फटाक से तेरी बातों में नहीं आनेवाला, दरयाफ्त करूँगा।''

''हुजूर! इस बार मेरी खबर सौ टाँक सच्ची और काम की है।'' हेमनाथ ने हाथ जोड़कर कहा, ''इन दिनों गाँव में महाराज तिलक की तरह जनता को भड़काने का काम चापेकर बंधु करने में लगे हैं। पिछली रात हनुमान् मंदिर पर कीर्तन हुआ, जिसमें उन लोगों ने भजन कम और देशप्रेम के गीत ज्यादा गाए हैं। जवान लड़के 'मेरा रंग दे बसंती चोला…' की तर्ज पर झूम रहे थे।''

''हुजूर! इस बार मेरी खबर सौ टाँक सच्ची और काम की है।'' हेमनाथ ने हाथ जोड़कर कहा, ''इन दिनों गाँव में महाराज तिलक की तरह जनता को भड़काने का काम चापेकर बंधु करने में लगे हैं। पिछली रात हनुमान् मंदिर पर कीर्तन हुआ, जिसमें उन लोगों ने भजन कम और देशप्रेम के गीत ज्यादा गाए हैं। जवान लड़के 'मेरा रंग दे बसंती चोला…' की तर्ज पर झूम रहे थे।''

दरोगा गंभीर हो गया और बात का मर्म समझने की कोशिश करने लगा।

''हुजूर! जब पूना में तिलक महाराज अखबार में ऐसा कुछ लिखते हैं तो बड़ा हंगामा होता है। गाँवों में यह तरीका विप्लव खड़ा करने का है।''

''मैं देखता हूँ। कई बार गानेवाले अच्छे बोल देखकर गीत गाते

हैं। गानेवाले को उतना विप्लवी नहीं कहा जा सकता, जितना गीत लिखनेवाले को, फिर भी यह बात नजरअंदाज तो नहीं ही की जा सकती। महाराज तिलक की बात और है। वे विद्वान् हैं और दुनिया उनका सम्मान करती है, पर गाँव के गवैये ऐसा करने लगे तो विप्लव ही हो जाएगा। तू आराम से घर जा। यह जाँच का विषय है, मैं खुद देखूँगा। चापेकर आसपास के क्षेत्र में जाना-माना गवैया है। गड़बड़ हुई तो पब्लिक भड़क जाएगी और मेरी मुश्किल हो जाएगी।''

''सरकार! मेरा इनाम मुझे कब मिलेगा? मैं सारे काम छोड़कर आपकी सेवा में तत्पर रहता हूँ। आपकी दया का सदैव आकांक्षी हूँ।''

''इनाम मैं अपनी जेब से नहीं देता। सब लोग सोचते हैं कि बात इनाम की है या नहीं। तेरी पहली बात फुस्स निकली है। इस बात में थोड़ा दम है, मगर इसमें सीधे तो कुछ नहीं हो सकता। मैं पहले दरयाफ्त करूँगा, फिर कुछ करूँगा। अगर वे लोग चेतावनी से मान गए तो यही अच्छा उपाय है।''

❑

दामोदर चापेकर को दरोगा की चेतावनी

हेमनाथ की आशाओं पर पानी फिर गया। उसे लगा कि दरोगा उसे मूर्ख ही बना रहा था और इनाम का जिक्र केवल लालच भर था, परंतु वह क्या कर सकता था? वह निराश होकर गाँव लौट आया और भगवान् से दुआ करने लगा कि चापेकर बंधु खुद अकड़कर कहें कि देशभक्ति के गीत रोज गाएँगे, फिर उसके कुटिल दिमाग में एक विचार और आ गया और वह दामोदर चापेकर से मिलने ही पहुँच गया। सबकुछ सोच-समझकर उसने अपनी बात कही—

''भाऊ! रात तो आनंदवर्षा कर दी तुमने!'' हेमनाथ ने भावविभोर होकर कहा, ''क्या बोल थे। 'भारतमाता रुदन करें, मेरे वीर शिवाजी आजा।' अहा! ऐसे लगा, जैसे देश की दुर्दशा का साक्षात् वर्णन कर दिया। वाकई देश के ऐसे ही हालात हैं। अब कोई शिवाजी, कोई लक्ष्मीबाई ही इन अंग्रेजों को मुँहतोड़ जवाब दे सकेंगे। भाऊ! यह गीत किसने लिखा? मेरा मन करता है कि उसे इनाम में दो रुपए दे दूँ। देशभक्ति का ऐसा भावपूर्ण गीत तो आज की आवश्यकता है। ऐसे गीत तो 'केसरी' और 'मराठा' में छपने चाहिए, जिससे सारा महाराष्ट्र प्रेरित हो और देशसेवा में आगे आए।''

''भाऊ! तुम्हें गीत अच्छा लगा, बड़ी अच्छी बात है। मेरे एक मित्र ने लिखा था। कहो तो भेंट करा दूँ। इनाम अपने हाथों से दे देना।''

''जरूर भाऊ! भेंट करा सको तो बड़ा उपकार होगा।''

"अरे, उपकार की क्या बात। अपना मित्र है वह और तुम अपने बंधु हो। किसी दिन समय निकालकर भेंट करा देंगे।"

"बड़ा अच्छा। वैसे भाऊ, अंग्रेजों की नजर में तो ऐसे गीत लिखना और गाना राजद्रोह समझा जाता है। सँभलकर रहिएगा। आपका तो गायन पेशा है। जनता को अच्छा लगे, ऐसा गाना ही गायक की पहचान है, पर कमीने अंग्रेज इस बात को कहाँ समझते हैं!" हेमनाथ ने मन की थाह ली।

"बड़ा अच्छा। वैसे भाऊ, अंग्रेजों की नजर में तो ऐसे गीत लिखना और गाना राजद्रोह समझा जाता है। सँभलकर रहिएगा। आपका तो गायन पेशा है। जनता को अच्छा लगे, ऐसा गाना ही गायक की पहचान है, पर कमीने अंग्रेज इस बात को कहाँ समझते हैं!" हेमनाथ ने मन की थाह ली।

"मैं तुम्हारी बात समझ रहा हूँ। सुबह से कुछ बड़े-बूढ़े भी यही कह रहे थे, तब मुझे ज्ञान हुआ कि मैं गाने के जोश में क्या गड़बड़ कर बैठा हूँ। सरकार का कोपभाजन मुझे नहीं बनना। अब कभी ऐसा गीत न गाऊँगा।"

हेमनाथ हक्का-बक्का रह गया। उसका शिकार तो बड़ा कमजोर दिल निकला, जो आइंदा राष्ट्रप्रेम के गीत न गाने का इरादा कर बैठा। अब यदि दरोगा ने हड़काया तो कमस खाकर कह देगा कि फिर कभी ऐसे शिकायत सुनने को आए तो फाँसी चढ़ा देना। दरोगा क्या करेगा!

"अरे भाऊ! क्या गजब करते हो। इसमें गड़बड़ कैसी? गीत न गाने की बात क्यों करते हो!" हेमनाथ ने कहा, "क्या अपने देश से प्रेम करना गलत है? यदि भारतवासी भारत का गीत न गाएँगे तो कौन गाएगा। अंग्रेज सरकार ने तो हमारे जीने पर भी प्रतिबंध लगा रखा है तो क्या हम जीना छोड़ दें। भाऊ! तुम्हारे गीत गाने से यदि चार नौजवान

भी जागते हैं तो यह तुम्हारे लिए यज्ञ बराबर होगा।''

''भाऊ! तुम्हारी बात ठीक है, पर पुण्य कमाने के चक्कर में प्राण देना कहाँ की समझदारी है! सुना है कि पुलिस की हमारे गाँव पर कठोर दृष्टि है।''

दामोदर मुसकरा उठा। वह जानता था कि हेमनाथ ने जरूर ही इस बारे में पुलिस को खबर कर दी है और अब उसे पुलिस से रूबरू होना पड़ेगा। उसका यह विचार शाम ढले तक ही सत्य सिद्ध हो गया, जब मुखिया का नौकर उसे बुलाने आया। दामोदर वहाँ पहुँचा तो दरोगा को बैठे पाया। उसने आदर से प्रणाम किया।

''रहने दो। तुम अकेले तो नहीं हो, हम सब तुम्हारे साथ हैं। आज तुम्हारा कीर्तन कहाँ है। मैं तुम्हारे साथ चलूँगा। पुलिस और सरकार तुम्हें हाथ लगाएगी तो पहले मुझे मारेगी। मैं प्राण दे दूँगा, पर तुम्हें कुछ न होने दूँगा।''

''भाऊ! तुम्हारी यह बात सुनकर मुझे बहुत अच्छा लगा। जब तुम सब मेरे साथ हो तो मुझे कैसा डर! आज तो कहीं कीर्तन नहीं है, पर जब होगा तो तुम्हें जरूर ले चलूँगा।''

हेमनाथ को बड़ी संतुष्टि मिली। वह खुश होता हुआ वहाँ से चला गया।

दामोदर मुसकरा उठा। वह जानता था कि हेमनाथ ने जरूर ही इस बारे में पुलिस को खबर कर दी है और अब उसे पुलिस से रूबरू होना पड़ेगा। उसका यह विचार शाम ढले तक ही सत्य सिद्ध हो गया, जब मुखिया का नौकर उसे बुलाने आया। दामोदर वहाँ पहुँचा तो दरोगा को बैठे पाया। उसने आदर से प्रणाम किया।

''क्यों भाई दामोदर!'' मुखिया ने नाराजगी से कहा, ''हम तो तुम्हें

बड़ा समझदार मानुस मानते हैं और तू ऐसी हरकत कर रहा है?''

''क्या हुआ मुखियाजी! कोई भूल हो गई?''

''दरोगा साहब गुस्से में आए थे, पर हमने ही तेरा पक्ष लिया कि नासमझी में कोई भूल हुई है, वरना कल रात कीर्तन में तूने भड़काऊ गीत गाए थे?''

''वो··· वो··· सरकार··· मैं···।''

''सुन बे!'' दरोगा ने क्रोध में कहा, ''मुखियाजी का लिहाज कर रहा हूँ, वरना इतने पर तो घसीटकर ले जाता। तू जानता नहीं कि सरकार ऐसे गीत और भाषणों को राजद्रोह मानती है और उसकी सजा फाँसी है। यह शांति भंग करनेवाली हरकत है। शुक्र मना मुखियाजी का, जो तुझे समझाने की बात कर रहे हैं, वरना हमें तो एक ही भाषा आती है।''

''सरकार!'' दामोदर ने हाथ जोड़कर कहा, ''मुझसे बड़ी भूल हुई, पर नासमझी में ही हुई है। गाने के अच्छे बोल देखकर गवैया मन नहीं माना। आइंदा कभी धार्मिक भजनों के अलावा कुछ नहीं गाऊँगा।''

दरोगा ने क्रोध में कहा, ''मुखियाजी का लिहाज कर रहा हूँ, वरना इतने पर तो घसीटकर ले जाता। तू जानता नहीं कि सरकार ऐसे गीत और भाषणों को राजद्रोह मानती है और उसकी सजा फाँसी है। यह शांति भंग करनेवाली हरकत है। शुक्र मना मुखियाजी का, जो तुझे समझाने की बात कर रहे हैं, वरना हमें तो एक ही भाषा आती है।''

''ऐसे गीत लिखे किसने! उसका नाम बता?''

''यह तो मेरे दादाजी की पुरानी डायरी में थे, हुजूर! वे भी गाते थे।''

''उस डायरी को हमारे हवाले कर, ताकि हम उसे जला दें। इससे

आइंदा तू या कोई और ऐसे भड़काऊ गीत नहीं गाएगा।''

''जो हुक्म सरकार!''

''अभी घर जा और उस डायरी को लेकर आ।''

''देख भाई दामोदर!'' दरोगा ने समझाया, ''तू समझदार और सामाजिक आदमी है। मुखियाजी तेरी सिफारिश कर रहे हैं, इसलिए मैं तुझे चेतावनी दे रहा हूँ। आइंदा मैंने सुना कि तूने ऐसी कोई हरकत की है तो मैं तुझे जेल भेज दूँगा।''
''सरकार! मुझसे नासमझी में भूल हुई है, आइंदा नहीं होगी।''

दामोदर दौड़कर घर गया और उखड़े पन्ने की पुरानी मोटी सी डायरी लेकर आया और दरोगा को दे दी। दरोगा ने उसी समय उसे जलवा दिया।

''देख भाई दामोदर!'' दरोगा ने समझाया, ''तू समझदार और सामाजिक आदमी है। मुखियाजी तेरी सिफारिश कर रहे हैं, इसलिए मैं तुझे चेतावनी दे रहा हूँ। आइंदा मैंने सुना कि तूने ऐसी कोई हरकत की है तो मैं तुझे जेल भेज दूँगा।''

''सरकार! मुझसे नासमझी में भूल हुई है, आइंदा नहीं होगी।''

''अब नहीं करेगा।'' मुखिया ने कहा, ''मैंने कहा था न कि ऐसा आदमी नहीं है। गलती मानेगा भी और सुधरेगा भी। क्यों दामोदर! ठीक कहा न मैंने?''

''जी मुखियाजी! अब कभी गलती नहीं होगी।''

''अब चला जा।'' दरोगा ने धमकाकर कहा।

दामोदर वहाँ से उठकर अपने घर आ गया। उसे चेतावनी देकर छोड़ा गया था तो इसलिए कि उसके खिलाफ सबूत नहीं था। उस पुरानी डायरी में ऐसा कुछ नहीं था और अब तो वह जल भी गई थी। दामोदर को पहले ही अंदाजा हो गया था कि यह सवाल जरूर होगा,

इसलिए उसने जवाब और डायरी तैयार कर लिये थे।

''भाऊ!'' वासुदेव चापेकर ने चिंतित स्वर में पूछा, ''क्या रहा?''

''चेतावनी मिली है, पर इतना तो पक्का हो गया है कि हेमनाथ हमारे रास्ते का रोड़ा है। वह हमारे लिए कभी भी संकट खड़ा कर सकता है। आज तो मैंने दरोगा के सामने भीगी बिल्ली बनकर माफी माँग ली और उसे भी मना लिया कि मुझसे नासमझी में गलती हुई थी, पर हर बार ऐसा नहीं होगा। इस बार कोई शिकायत हुई तो दरोगा क्रोध में आ जाएगा।''

चेतावनी मिली है, पर इतना तो पक्का हो गया है कि हेमनाथ हमारे रास्ते का रोड़ा है। वह हमारे लिए कभी भी संकट खड़ा कर सकता है। आज तो मैंने दरोगा के सामने भीगी बिल्ली बनकर माफी माँग ली और उसे भी मना लिया कि मुझसे नासमझी में गलती हुई थी, पर हर बार ऐसा नहीं होगा।

''इस हेमनाथ का कुछ करना होगा।'' वासुदेव ने कहा।

''वह मैंने सोच लिया है। अब गाने पर तो प्रतिबंध ही लग गया समझो। अब हमें अपना काम दूसरे तरीके से करना होगा। अपने गीतों को पैंफलेट बनाकर छापना और बाँटना होगा। इसमें हमें कोई खतरा नहीं रहेगा।''

''यह ठीक रहेगा। मैं शहर जाकर सावरकरजी से मिलकर इस विषय में बात करता हूँ। वे हमें जरूर सहयोग करेंगे।''

''ठीक! मैं तुम्हें सारी कविताएँ और गीत लिखकर दे देता हूँ। तुम कल ही पूना चले जाओ और सारा काम निबटा दो। मैं उस हेमनाथ को देखता हूँ।''

दोनों भाइयों ने मिलकर योजना बना ली। बालकृष्ण उस दिन अपनी पत्नी को लिवाने ससुराल गए थे।

मुखबिर हेमनाथ की ताड़ी की लत

पड़ोस के गाँव में कीर्तन था। चापेकर बंधु अपने साज और साथियों के साथ शाम ढले चल दिए थे कि रास्ते में हेमनाथ मिल गया।

"अरे भाऊ! आज कहाँ रंग जमेगा?" हेमनाथ ने पूछा।

"पड़ोस के गाँव में। समय हो तो चल पड़ो।"

"अपने पास तो समय-ही-समय है, पर अभी तो नहीं जा सकता। अभी पेटपूजा भी नहीं हुई, मगर मैं पहुँचूँगा जरूर। तुम्हारे उन गीतों को बार-बार सुनने की इच्छा होती है। आज भी सुनाओगे न?"

हेमनाथ खुश हो गया। वह जानता था कि उसने दरोगा के सामने कसम खाई थी कि अब ऐसे भड़काऊ और राष्ट्रवादी गीत नहीं गाएगा। अगर आज उसने फिर से ऐसे गीत गाए तो दरोगा उसे सस्ते में नहीं छोड़नेवाला। हेमनाथ को इनाम न मिलने की निराशा ने घेर लिया था। दिन भर नमक-मिर्च बेचकर वह बड़ी मुश्किल से अपना गुजारा कर रहा था।

"जरूर सुनाएँगे। तुम आओगे, तभी गाएँगे।"

हेमनाथ खुश हो गया। वह जानता था कि उसने दरोगा के सामने कसम खाई थी कि अब ऐसे भड़काऊ और राष्ट्रवादी गीत नहीं गाएगा। अगर आज उसने फिर से ऐसे गीत गाए तो दरोगा उसे सस्ते में नहीं छोड़नेवाला। हेमनाथ को इनाम न मिलने की निराशा ने घेर लिया था। दिन भर नमक-मिर्च बेचकर वह बड़ी मुश्किल से अपना गुजारा कर रहा था। उसके आगे-पीछे कोई नहीं था। माँ-बाप चार वर्ष पहले हैजे की चपेट में आकर स्वर्ग सिधार गए थे। भाई-बहन कोई था नहीं। शादी उसकी हुई नहीं थी। शुरू से ही अपनी अवारगी के लिए गाँव भर में बदनाम था और ताड़ी पीने की लत ने कहीं का न छोड़ा था। अब भी मौका मिलते

ही पीता था। आज भी उसका मन ताड़ी पीने के लिए कुलबुलाने लगा था, जबकि जेब में एक भी पैसा नहीं था। अब किसी यार–दोस्त की आशा लेकर वह ताड़ी पीने चल पड़ा था।

गाँव से बाहर खेतों पर मैकू की झोंपड़ी में शाम ढले ताड़ी पीनेवालों का जमघट लगता था। हेमनाथ उधर ही चल पड़ा। अभी ठिकाने से दूर था कि एक आदमी मिल गया। वह उसके लिए अपरिचित था, पर हेमनाथ इतना तो जान रहा था कि वह भी ताड़ी पीने ही जा रहा है।

“भाऊ! कौन गाँव से हो? पहले कभी तो देखा नहीं।”

“हाँ भाऊ! पहली बार ही गाँव में आया हूँ। पूना का रहनेवाला हूँ। इस गाँव में मेरी मौसी है।” अजनबी ने बताया।

“अरे, रिश्तेदार हो। मौसी किसके घर है?”

“रामफूल के। अभी कुछ दिन पहले रामफूल को पुलिस ने बहुत पीटा था तो मैं देखने चला आया।”

“अरे हाँ! बड़ा सीधा लड़का है अपना रामफूल। पुलिस ने हालत खराब कर दी। चलो, अच्छा किया, जो देखने आ गए। अब इधर कहाँ जा रहे हो?”

गाँव से बाहर खेतों पर मैकू की झोंपड़ी में शाम ढले ताड़ी पीनेवालों का जमघट लगता था। हेमनाथ उधर ही चल पड़ा। अभी ठिकाने से दूर था कि एक आदमी मिल गया। वह उसके लिए अपरिचित था, पर हेमनाथ इतना तो जान रहा था कि वह भी ताड़ी पीने ही जा रहा है।

“शाम का टैम है भाऊ, जानते तो हो।” वह हँसा।

“मैं भी उधर ही जा रहा था। एक से दो भले। नाम क्या है भाऊ?”

“सोमनाथ है।”

“भई वाह! तुम सोमनाथ, हम हेमनाथ। क्या जोड़ी बनी है। आज तो ताड़ी पीने में मजा ही आ जाएगा, पर मुझे अभी घर तक वापस जाना

होगा। वो क्या है कि तुम संयोग से मिले हो और मैं जेब में उतने ही पैसे…।''

''पैसे की बात क्यों करते हो भाऊ! अब जब जोड़ी बनी है तो पैसा कौन गिनता है। मुझे तो खुशी है कि आज भी अकेले तो नहीं पीनी पड़ेगी। अकेले पीने में कोई मजा नहीं है। आज मैं पिलाऊँगा। कल भी रुका तो तुम पिला देना।''

''पैसे की बात क्यों करते हो भाऊ! अब जब जोड़ी बनी है तो पैसा कौन गिनता है। मुझे तो खुशी है कि आज भी अकेले तो नहीं पीनी पड़ेगी। अकेले पीने में कोई मजा नहीं है। आज मैं पिलाऊँगा। कल भी रुका तो तुम पिला देना।''

''रुकना तो पड़ेगा भाऊ! इसी शर्त पर आज तुम्हारी पी सकता हूँ।''

''ठीक है। मिलाओ हाथ।''

दोनों ने हाथ मिलाए। हेमनाथ मन-ही-मन खुश हो रहा था कि उसका भाग्य अच्छा है, जो घर से निकला तो मुफ्त की ताड़ी मिल ही गई। कल की कल देखी जाएगी। आज जी भरकर पी लेंगे।

ठिकाने पर पहुँचकर सोमनाथ ने पाँच रुपया निकालकर हेमनाथ को दिए तो हेमनाथ बल्लियों उछल पड़ा।

''ऐसा करो। तुम ले आओ। कहीं अलग बैठकर पीएँगे। कोई और जाननेवाला मिल गया तो साझी करनी पड़ जाएगी। उधर पेड़ के नीचे आ जाओ।''

हेमनाथ को कब इनकार था। वह पाँच रुपए का नोट दबाए मैकू की झोंपड़ी पर पहुँचा। ताड़ी तो दो रुपए की इतनी आ जाएगी कि दोनों पीकर चित्त हो जाएँगे। एक रुपया मैकू का पहले भी उधार है। वह भी चुकता हो जाएग। शेष दो रुपया…देखेंगे…सोमनाथ माँगेगा तो ही दिया जाएगा।

''मैकू! चल दो बोतल निकाल दे। जल्दी कर।''

''जेब में कुछ है भाऊ! रोब मत झाड़। अभी पिछली उधारी···।''

''ये ले न! अपनी पिछली उधारी भी ले। बात करता है!''

मैकू ने देरी नहीं की और हिसाब बराबर किया। हेमनाथ दो बोतल बगल में दबाए शान से अकड़ता हुआ बाहर निकला तो कुछ पुराने मित्रों ने आशा भरी नजरों से देखा, मगर हेमनाथ को आज उनसे कुछ मतलब नहीं था। वह कंधे उठाकर वहाँ से चला गया। सब मुफ्तखोर थे! जबकि हेमनाथ मुफ्तखोरी में सबका सरदार था। वह सोमनाथ के पास पहुँच गया।

❑

दामोदर चापेकर की युक्ति

दोनों नाथ जमकर बैठ गए और ताड़ी पीने लगे। कब एक बोतल खत्म हो गई, पता ही न चला। हेमनाथ तो बहकने ही लगा था, जबकि सोमनाथ को अधिक असर नहीं हुआ था।

इधर-उधर की बातें होने लगीं।

''भाऊ पूना में कुछ काम करते हो? अच्छी कमाई हो जाती होगी?'' हेमनाथ ने पूछा।

''दाँव की बात है भाऊ! दाँव लग जाए तो महीना भर बैठकर खाने की व्यवस्था हो जाती है, वरना तो गुजारा फिर भी अच्छा ही होता है।''

''ऐसा क्या काम है भाऊ! हमें भी कुछ बताओ?''

''मित्र हो भाऊ! तुमसे क्या छुपाना। चोरी-चकारी करते हैं। अंग्रेजी राज में कितनी भी मेहनत करो, भूखों मरना पड़ता है। बस यही पेशा पकड़ लिया। लाला-बनिया जनता को लूट-लूटकर अपनी तिजोरी भर लेते हैं और हम उनकी तिजोरी पर हाथ साफ करते हैं। इससे पाप भी नहीं लगता। मौका पड़ने पर गरीबों की मदद भी कर देते हैं।'' सोमनाथ ने बताया।

''बड़ी हिम्मत का काम है भाऊ! कभी पकड़े गए तो…।''

''अभी ऐसी नौबत नहीं आई और न आएगी। होशियारी से काम करने पर कम ही मुसीबत आती है। एक रात की तो बात होती है, फिर

अगले कई महीने चैन से गुजर जाते हैं। रोजवाले चोर हम नहीं हैं।''

''अकेले ही करते हो या गिरोह है ?''

''मैं और मेरा भाई! दो ही जने ठीक। ज्यादा भीड़ में तो खतरा बढ़ जाता है और मुनाफा घट जाता है। अच्छा, तुम्हारे गाँव में तो एक महाजन है, जो सूद का काम करता है। जरा घर बताओगे उसका।''

''भाऊ! मुझे बहुत डर लगता है।''

''तभी तो घोर गरीबी में जीते हो। अकेले पेट को तो ठाठ से रहना चाहिए।''

''मैं और मेरा भाई! दो ही जने ठीक। ज्यादा भीड़ में तो खतरा बढ़ जाता है और मुनाफा घट जाता है। अच्छा, तुम्हारे गाँव में तो एक महाजन है, जो सूद का काम करता है। जरा घर बताओगे उसका।''
''भाऊ! मुझे बहुत डर लगता है।''
''तभी तो घोर गरीबी में जीते हो। अकेले पेट को तो ठाठ से रहना चाहिए।''

''वो···वो···भाऊ···पकड़े जाने का डर लगता है।''

''थोड़ी हिम्मत जुटा लो। आज मेरे साथ चलो। मालामाल कर जाऊँगा। याद करोगे कि कोई यार मिला था। अच्छा लगे तो पूना आ जाना।''

''कहीं कोई गड़बड़ हुई तो···।''

''मैं भी तो साथ हूँ। गड़बड़ कैसी! दीवार फोड़ना मुझे आता है। अंदर घुसना है और माल समेटना है। कोई रोके तो जरा··· ये···।'' सोमनाथ ने लंबे फालवाला चाकू दिखाया, ''दिखा देना है। यार, ये सब काम तो मैं करूँगा। तुम्हें तो साथ चलना भर है और अपना हिस्सा ले लेना है।''

हेमनाथ लालच में घिरने लगा। नशे और लालच ने हिम्मत भी पैदा कर दी और उसकी अक्ल कुंद हो गई।

''मैं···मैं तैयार हूँ भाऊ!'' हेमनाथ झूमकर बोला, ''रोज-रोज की गरीबी से तो थोड़ी हिम्मत कर लेना उचित है। महाजन तो वैसे भी डरपोक है। उसे चाकू दिखाया नहीं कि काँप जाएगा, पर भाई, मुझे मुँह ढकना होगा।''

हेमनाथ मान गया और दोनों आधी रात तक पीते रहे। अब तक सोमनाथ ने उसको पूरी तरह शीशे में उतार लिया था। लालच का ऐसा जुलाब दिया कि हेमनाथ आज कुछ भी करने को तैयार था। आधी रात तक हेमनाथ को नशा भी बहुत था। दोनों उठकर गाँव में घुसे तो चारों ओर सन्नाटा था। महाजन के घर के पिछवाड़े आकर दोनों ठहरे।

''वह तो मैं भी ढकता हूँ भाऊ!''

''फिर ठीक है। यह बोतल खत्म करते हैं और चलते हैं।''

''थोड़ी रात हो जाने दो भाऊ! ये काम आधी रात के बाद होते हैं। चाहो तो ताड़ी और ले आओ। चलेंगे ठीक टैम पर।''

हेमनाथ मान गया और दोनों आधी रात तक पीते रहे। अब तक सोमनाथ ने उसको पूरी तरह शीशे में उतार लिया था। लालच का ऐसा जुलाब दिया कि हेमनाथ आज कुछ भी करने को तैयार था। आधी रात तक हेमनाथ को नशा भी बहुत था। दोनों उठकर गाँव में घुसे तो चारों ओर सन्नाटा था। महाजन के घर के पिछवाड़े आकर दोनों ठहरे। सोमनाथ ने कच्ची दीवार में कूमल बना दिया और बड़ी सावधानी से अंदर सरक गया। हेमनाथ भी घुस गया। सोमनाथ ने अँधेरे में ही उसे चाकू पकड़ा दिया था। हाथ को हाथ नहीं सूझ रहा था। हेमनाथ हाथ फैलाए आगे बढ़ रहा था। सोमनाथ कहीं नजर न आ रहा था। क्या माजरा था। बोलने की मनाही थी।

''भाऊ! कहाँ हो भाऊ?'' वह फुसफुसाया। कोई जवाब न मिला। वह क्या जानता था कि सोमनाथ तो बाहर भी चला गया था और अब

जो भी होना था, उसी के साथ होना था। घर में जगार हो गई लगती थी। हेमनाथ घबराया और वापस भागकर दीवार में बने छेद से बाहर सरका, पर उस पर हो-हल्ले के साथ लाठियाँ पड़ने लगी थीं। वह उकड़ूँ होकर सिर को पेट में दिए खींच रहा था, फिर उसे पकड़ लिया गया। गाँव भर के लोग जमा हो गए थे।

''अरे! यह तो हेमनाथ है।'' कोई चीखा, ''देखा, कितना दुष्ट है! चोरी करने आया था। बाप रे, इतना बड़ा चाकू लेकर आया था। लालाजी के प्राण बच गए।''

हेमनाथ की समझ में न आ रहा था कि हुआ क्या? सोमनाथ कहाँ गया? जरूर अंदर ही फँस गया था। कमीने ने मरवा दिया था!

''वो···वो···अंदर है···मुझे ···वही लाया था।''

''अंदर कोई नहीं है पाजी।'' महाजन क्रोध से बोला, ''मुझे आहट मिल गई थी तो मैंने चुपके-चुपके सबको जगा दिया और यहाँ जमा किया, फिर घर में घेरा तो कोई नहीं मिला। यहाँ तू मिला है। कमीने! मेरे घर डाका मारने आया था और चाकू लेकर! मौका लगता तो तू मेरे प्राण ले लेता।''

''अंदर कोई नहीं है पाजी।'' महाजन क्रोध से बोला, ''मुझे आहट मिल गई थी तो मैंने चुपके-चुपके सबको जगा दिया और यहाँ जमा किया, फिर घर में घेरा तो कोई नहीं मिला। यहाँ तू मिला है। कमीने! मेरे घर डाका मारने आया था और चाकू लेकर! मौका लगता तो तू मेरे प्राण ले लेता।''

''हेमनाथ भय से थर-थर काँप रहा था। उसकी समझ में नहीं आ रहा था कि सोमनाथ कहाँ गया, कब गया? घुसा तो उससे पहले अंदर था।

''लालाजी! भगवान् कसम···मैं अपनी मरजी से यहाँ नहीं

आया।'' वह रोता हुआ बोला, ''रामफूल की मौसी का बेटा सोमनाथ मुझे ताड़ी पिलाकर बहका लाया था। मैं चोर नहीं हूँ। यह चाकू भी उसका है।''

''मेरी मौसी का बेटा!'' रामफूल भड़का, ''क्या कहानी बनाते हो भाऊ! मेरे तो कोई मौसी ही नहीं है, बेटा तो कौन?''

''सवेरा होने दे। यह जीवन भर गाँव की शक्ल देख ले तो मेरे मुँह पर थूक देना। इसने तो मेरा बेड़ा गर्क करना चाहा।'' महाजन बोला। ''लालाजी! कैसी भी कसम ले लो। मैं अकेला नहीं था। मैं तो भुलावे में आ गया। नशे में मति मारी गई, जो उस अजनबी पर भरोसा किया। वह जरूर भाग गया है। शातिर चोर था। मँजा हुआ। मुझे फँसा गया।''

''अरे! वो तेरे घर रिश्तेदार आया था।''

''मेरे घर कोई रिश्तेदार नहीं आया। हमें क्यों मरवाने पर तुले हो भाऊ! हम तो पहले ही मरे पड़े हैं। लालाजी, हमें बचाइए।''

''सवेरा होने दे। यह जीवन भर गाँव की शक्ल देख ले तो मेरे मुँह पर थूक देना। इसने तो मेरा बेड़ा गर्क करना चाहा।'' महाजन बोला।

''लालाजी! कैसी भी कसम ले लो। मैं अकेला नहीं था। मैं तो भुलावे में आ गया। नशे में मति मारी गई, जो उस अजनबी पर भरोसा किया। वह जरूर भाग गया है। शातिर चोर था। मँजा हुआ। मुझे फँसा गया।''

''अब पुलिस तुझे बताएगी कमीने!''

हेमनाथ ने रो-रोकर अपनी सफाई दी, परंतु किसी ने न सुनी। लाला तो वैसे भी सख्त मिजाज आदमी था। अपने पैसे पर साँप की तरह कुंडली मारकर बैठता था और जो उसकी एक पाई भी चुकता न करे, वह उसका घोर शत्रु! हेमनाथ ने तो सूपड़ा-साफ करना चाहा

था! ऐसे घोर शत्रु को तो कैसे भी माफ नहीं कर सकता था! दरोगा से कहकर जेल ही भिजवाएगा।

ऐसा ही हुआ! हेमनाथ को दरोगा पकड़ ले गया। उसकी किसी भी बात पर दरोगा ने विश्वास न किया। लालाजी का प्रभाव भी अधिक था। काश! वह जानता होता कि यह दामोदर चापेकर की युक्ति थी, जिसने उसे फिट किया था। उस पुलिस के मुखबिर को सबक सिखाया था, जो अंग्रेजभक्त होकर देशभक्तों की राह का रोड़ा बना करता था।

❑

'चापेकर क्लब' का गठन

चापेकर बंधु और उनके संगठन ने अगले तीन वर्षों में बड़ी सावधानी से अपना काम किया और क्रांतिकारी गतिविधियों में लगे रहे। उन दिनों महाराष्ट्र भर में महाराज तिलक के नाम का डंका बज रहा था। अंग्रेज सरकार भारतीयों को पाश्चात्य संस्कृति के ऐसे मकड़जाल में फँसाकर उलझाना चाहती थी, जिससे भारत पर अंग्रेजी राज की पकड़ मजबूत होती। तिलक राजनीतिक आजादी के लिए संघर्ष कर रहे थे। वे समूचे भारतीय समाज को एक सूत्र में पिरोने के प्रयासों पर कार्य कर रहे हैं।

गणेशोत्सव और शिवाजी जयंती के अवसर पर अब तिलक की प्रेरणा से जगह-जगह रथयात्राएँ आरंभ हुई थीं, जिनसे जनजागरण का संकेत मिलता था।

चापेकर बधुओं ने भी तिलक से प्रेरणा ली और जनजागरण के इस अभियान में सक्रिय होते गए। उन्हें सावरकर जैसे बुद्धिजीवी क्रांतिकारी का मार्गदर्शन मिलता रहता था। विप्लवी पैंफलेट, अब गाँवों में भी अपनी पहुँच बनाने लगे थे तो यह चापेकर बंधुओं जैसे क्रांतिकारी ही संभव कर सके थे। ऐसा नहीं था कि पुलिस प्रशासन उनके रास्ते की बाधा नहीं था, परंतु ये लोग अपना काम इतनी सजगता और सफलता से करते थे कि अभी तक पुलिस को उनकी भनक नहीं मिली थी।

तीनों भाई गृहस्थ थे और प्रत्यक्ष में देखने पर साधारण गृहस्थ

ही नजर आते थे। उनकी पत्नियाँ तक नहीं जानती थीं कि वे लोग क्रांतिकारी थे। यद्यपि अभी तक तीनों भाई किसी हिंसक गतिविधि में शामिल नहीं हुए थे, परंतु अपने संगठन द्वारा राष्ट्रवाद के उदय का कार्य भलीभाँति कर रहे थे। ऐसा भी नहीं था कि पुलिस के मुखबिर उस गाँव में नहीं थे, परंतु चापेकर बंधु सजगता और सावधानी के मंत्र का पालन करते थे। यदि कोई मुखबिर उनकी निगाह में आ जाता तो वे उसे ऐसे चक्कर में फँसाते कि वह मुखबिरी भूल जाता था। हेमनाथ जेल से तो छूट गया था, परंतु गाँव वापस नहीं लौटा था। उस बेचारे को अपने साथ हुए छल पर अब तक हैरानी होती होगी। चापेकर बंधुओं ने उसकी गिरफ्तारी के बाद आपस में बातें की थीं, जिनसे स्पष्ट हुआ कि वास्तव में क्या हुआ था।

''भाऊ! आपके दिमाग को मान गए।'' बालकृष्ण ने कहा, ''हेमनाथ को क्या सबक सिखाया। जिस पुलिस का मुखबिर था, उसी ने धर के रगड़ा।''

''उसका ऐसा ही इलाज ठीक था,'' दामोदर ने कहा, ''मैंने बहुत सोचकर यह योजना बनाई थी और अपने एक मित्र को इसमें शामिल किया था।''

''भाऊ! आपके दिमाग को मान गए।'' बालकृष्ण ने कहा, ''हेमनाथ को क्या सबक सिखाया। जिस पुलिस का मुखबिर था, उसी ने धर के रगड़ा।''

''उसका ऐसा ही इलाज ठीक था,'' दामोदर ने कहा, ''मैंने बहुत सोचकर यह योजना बनाई थी और अपने एक मित्र को इसमें शामिल किया था।''

''वह मित्र कौन था भाऊ, जो सोमनाथ बना?''

''था हमारी ही तरह एक देशभक्त! नाम खोलने से क्या लाभ! पूना का ही है। वास्तव में चोर ही था, पर चोरी वह ऐसे ही लाला,

महाजनों के यहाँ करता है और जो माल मिलता है, गरीबों की मदद में खर्च करता है। शातिर आदमी है। हमारे संगठन से जुड़ा है। मेरे कहने पर वह हेमनाथ से सोमनाथ बनकर मिला और उसकी मति फेरकर उसे चोरी के लिए उकसाया। योजना मेरी थी ही। महाजन के घर में सेंध लगाई और अंदर गए। हेमनाथ अंदर ही रह गया और वह फौरन निकलकर गाँव से ही चला गया।''

''मान गए।'' वासुदेव ने कहा, ''हेमनाथ ने खूब कहा कि उसके साथ सोमनाथ था, पर किसी ने नहीं माना। मानते भी कैसे! किसी ने उसकी परछाईं भी नहीं देखी।''

''वह गाँव में केवल हेमनाथ से ही मिला था।''

''चलो, अच्छा हुआ। एक अंग्रेजभक्त तो कम हुआ।''

चापेकर बंधु हँस पड़े। तीनों भाई आपस में बड़े प्रेम से रहते थे। बहुत अधिक धनी नहीं थे तो निर्धन भी नहीं थे। गाँव भर में सबके सुख-दुःख में साथ रहते थे और जरूरत पड़ने पर मदद भी करते थे। इससे गाँव भर में उनकी छवि सामाजिक रूप से मिलनसार और साफ थी। संगठन का काम भी वे नियमित ही करते थे।

चापेकर बंधु हँस पड़े। तीनों भाई आपस में बड़े प्रेम से रहते थे। बहुत अधिक धनी नहीं थे तो निर्धन भी नहीं थे। गाँव भर में सबके सुख-दुःख में साथ रहते थे और जरूरत पड़ने पर मदद भी करते थे। इससे गाँव भर में उनकी छवि सामाजिक रूप से मिलनसार और साफ थी। संगठन का काम भी वे नियमित ही करते थे। सामाजिक सुधारों के कार्यक्रम संगठन द्वारा नियमित किए जाते थे, जिसमें तीनों भाइयों की भूमिका सराहनीय रहती थी। गोपालकृष्ण गोखले और तिलक की सभाओं में भी वे जाते रहते थे। उन्होंने 'चापेकर क्लब' का गठन किया था, जिसमें युवाओं

को गुप्त रूप से सैन्य–प्रशिक्षण दिया जाता था। उत्सवों के आयोजन पर यह क्लब बड़ी धूमधाम से तैयारी करता था। गुप्त रूप से राष्ट्रप्रेम में डूबे क्रांतिकारी संगठन देश भर में फैले हुए थे, जिनमें बंगाल का नाम अग्रणी था। महाराष्ट्र में भी ऐसे बहुत से संगठन आजादी के लिए संघर्षरत थे। अंग्रेजों के अत्याचार भी बढ़ते जाते थे। दमनात्मक काररवाइयों में राष्ट्रभक्तों को जेल में डाला जा रहा था। पुलिस और प्रशासन राष्ट्रवादियों पर कड़ी नजर रखते थे।

ऐसे में चापेकर बंधुओं को बहुत अधिक सतर्कता से काम करना पड़ता था। सन् 1896 तक उनके 'चापेकर क्लब' में सैकड़ों युवा सम्मिलित हो गए थे। देशप्रेम के गीत अब इन युवाओं की जुबान पर होते थे। चापेकर बंधुओं ने बड़े ही कौशल और दक्षता से इस क्लब का संचालन किया।

❑

कमिश्नर रैंड का अत्याचार

देश पराधीनता की पीड़ा तो भुगत ही रहा था, ऊपर से प्राकृतिक आपदाओं ने भी देशभर में समय-समय पर भारतीयों की कड़ी परीक्षा ली थी। सन् 1875 से इस समय तक देश के विभिन्न हिस्सों में लगभग 18 बार जनता को अकाल से जूझना पड़ा। सन् 1875-76 में ही अंग्रेज सरकार ने अकाल आयोग का गठन अवश्य कर दिया था, परंतु कभी भी, कहीं भी इस आयोग की सक्रिय भूमिका नजर नहीं आई। जब भी, जहाँ भी अकाल या महामारी फैलती, जनता घोर कष्ट सहती रहती और सरकार की ओर से राहत नहीं मिल पाती थी।

उन्नीसवीं शताब्दी के अंतिम 25 वर्षों में देशभर में लाखों लोग भूख-प्यास से तड़पकर मर गए, परंतु अंग्रेज सरकार यह मानने को तैयार ही नहीं थी कि लोग अकाल के कारण मर रहे हैं। वाइसराय हर बार ब्रिटेन के प्रधानमंत्री को यही लिखकर भेजता कि भारत में अकाल जैसी स्थिति नहीं है और लगान न देने के लिए भारतीय किसान अकाल का रोना रोते हैं। इससे सरकारी सहायता मिल ही नहीं पाती थी। वैसे भी ब्रिटिश सरकार को भारतीय लोगों की चिंता नहीं थी। उसे तो भारत की धन-संपदा लूटकर इंग्लैंड की विलासिता को और भी वैभवशाली करना था। अंग्रेजों के पालतू कुत्ते भी महँगे बिस्किट खाते थे और भारतवासी रोटी के लिए तरसते थे।

सन् 1896 के अंत में देश के कई हिस्सों में प्लेग की बीमारी ने

पैर पसारे, जो पूना में भी भयानक रूप धारण कर गई। लोग तड़प-तड़पकर मरने लगे थे। ऐसे समय में 'चापेकर क्लब' ने भी पीड़ितों की सहायता में आगे बढ़कर हिस्सा लिया। लोगों को दवा की आवश्यकता थी, जो इतने बड़े पैमाने पर तो सरकार ही उपलब्ध करा सकती थी, परंतु 'चापेकर क्लब' के सदस्य अपनी क्षमता के अनुसार लोगों को दवाएँ उपलब्ध करा रहे थे। शिविर लगाकर लोगों की सेवा कर रहे थे, परंतु यह सब पर्याप्त नहीं था।

चापेकर बंधु दिन-रात सेवा में जुटे रहते थे। लोगों में आम धारणा थी कि इस छूत की बीमारी से दूर रहने के लिए बीमारों से भी दूर रहना चाहिए, परंतु जिनके दिलों में राष्ट्र और मानव-सेवा की भावना हो, उन्हें ऐसे भय नहीं सताते। चापेकर बंधु पूरे समर्पण से लोगों की सेवा और सहायता कर रहे थे। ऐसे ही कठिन समय में मानव-सेवा की आड़ लेकर ईसाई मिशनरियाँ भी सक्रिय हो उठी थीं। ये मिशनरियाँ लोगों को दवा, भोजन और अच्छे इलाज का प्रलोभन देकर धर्म बदलने पर विवश कर रही थीं। विवश, पीड़ित जनता अपनी भूख से हार रही थी तो इन मिशनरियों को सफलता मिल रही थी। 'चापेकर क्लब' ने इस चुनौती का डटकर मुकाबला किया।

चापेकर बंधु दिन-रात सेवा में जुटे रहते थे। लोगों में आम धारणा थी कि इस छूत की बीमारी से दूर रहने के लिए बीमारों से भी दूर रहना चाहिए, परंतु जिनके दिलों में राष्ट्र और मानव-सेवा की भावना हो, उन्हें ऐसे भय नहीं सताते। चापेकर बंधु पूरे समर्पण से लोगों की सेवा और सहायता कर रहे थे।

सारा भारत अकाल की इस पीड़ा से जूझ रहा था। पंजाब, बिहार, संयुक्त प्रांत, मैसूर, मद्रास (वर्तमान चैन्नई) आदि सभी क्षेत्र अकाल पीड़ित थे और इसी अकाल ने प्लेग को जन्म दिया था। सरकार आरंभ

में तो बेखबर रही। फरवरी 1897 ई. तक पूना में लगभग 657 लोगों की मौत हो गई थी। तिलक इस स्थिति में सरकार को कोस रहे थे। 'केसरी', 'मराठा' और 'कांग्रेस' तीनों माध्यमों से तिलक महाराज सरकार की संवेदनहीनता की भर्त्सना कर रहे थे। साथ ही वे समाज के धनी वर्ग से ऐसे समय में पीड़ितों की सहायता हेतु अधिक-से-अधिक धन देने की अपील कर रहे थे। युवाओं को आगे बढ़कर सेवाकार्य के लिए प्रेरित कर रहे थे।

इसी समय लंदन में भी प्लेग के लक्षण देखने को मिले, जो भारत से वहाँ पहुँचे थे। 1865 ई. में भी ऐसा हो चुका था। अब ब्रिटेन सरकार चेत गई और भारत सरकार (वाइसराय) को आदेश मिला कि इस रोग की रोकथाम का हरसंभव उपाय किया जाए। तत्काल वाइसराय सक्रिय हुआ और उसने सारी सरकारी मशीनरी को सक्रिय कर दिया।

इसी समय लंदन में भी प्लेग के लक्षण देखने को मिले, जो भारत से वहाँ पहुँचे थे। 1865 ई. में भी ऐसा हो चुका था। अब ब्रिटेन सरकार चेत गई और भारत सरकार (वाइसराय) को आदेश मिला कि इस रोग की रोकथाम का हरसंभव उपाय किया जाए। तत्काल वाइसराय सक्रिय हुआ और उसने सारी सरकारी मशीनरी को सक्रिय कर दिया। प्लेग से निबटने के लिए एक विशेष कानून बनाकर सिविल ऑफिसर्स को सैन्य-अधिकार दे दिए गए। पूना के कमिश्नर वाल्टर चार्ल्स रैंड के नेतृत्व में प्लेग समिति का गठन किया गया और बड़े पैमाने पर सहायता कार्य आरंभ हुआ।

यह भारतीयों का दुर्भाग्य ही था कि सहायता के नाम पर अंग्रेज अधिकारी और भी अत्याचार कर रहे थे। ये लोग जाँच-पड़ताल और निरीक्षण के नाम पर घरों में घुस जाते और घर के कीमती सामान,

जेवर, गहने सब अपनी जेबों में डाल लेते। सफाई और स्वच्छता के नाम पर घर का सामान जला देते और विरोध करने पर मारपीट कर देते। इस प्रकार की घटनाएँ रोज ही सुनने में आती थीं।

राजनीतिक स्तर पर इन घटनाओं की निंदा हो रही थी और कमिश्नर रैंड को चेतावनियाँ भी मिल रही थीं, परंतु उसके कानों पर जूँ नहीं रेंग रही थी। वह अपने सिपाही और अधिकारियों की हरकतों पर प्रसन्न ही होता था। जब कोई अधिकारी अपनी जालिम करतूतों को सगर्व सुनाता था तो रैंड चटखारे ले-लेकर सुनता। उसने ऐसी लूटपाट में अपना हिस्सा निर्धारित कर रखा था। इसके अलावा रैंड ने इस अवसर को अपनी ईसाई मानसिकता की तुष्टि का साधन भी बना लिया था। वह अपने अधिकारियों को घरों में मिलनेवाली देवी-देवताओं की मूर्तियों को तोड़ने-फेंकने के आदेश भी देता था। इससे जनता में असंतोष तो फैल रहा था, परंतु विवशता ऐसी थी कि कुछ किया नहीं जा सकता था।

राजनीतिक स्तर पर इन घटनाओं की निंदा हो रही थी और कमिश्नर रैंड को चेतावनियाँ भी मिल रही थीं, परंतु उसके कानों पर जूँ नहीं रेंग रही थी। वह अपने सिपाही और अधिकारियों की हरकतों पर प्रसन्न ही होता था। जब कोई अधिकारी अपनी जालिम करतूतों को सगर्व सुनाता था तो रैंड चटखारे ले-लेकर सुनता।

इतना ही नहीं, अंग्रेज सैनिकों का एक और वीभत्स चेहरा सामने आया। रोग उन्मूलन के नाम पर ये लोग घरों में घुसकर स्त्रियों के साथ छेड़छाड़ करते और अभद्रता की हद तक गुजर जाते। समाजसेविका पंडित रमाबाई, जो प्लेग पीड़ितों की सहायता में जुटी थीं, स्वयं भी ऐसी अभद्रता का शिकार हुईं तो उन्होंने इस बारे में आवाज उठाई।

अस्पतालों में महिला मरीजों के साथ अनुचित व्यवहार की बातें भी सामने आईं, जिसने लोगों को भड़का दिया।

कमिश्नर रैंड ने पंडित रमाबाई की शिकायत सुनकर भी अनसुनी कर दी। इससे गोरे सैनिकों का उत्साह बढ़ गया और वे अब खुलकर अत्याचार पर उतर आए। पीड़ितों में दहशत फैलने लगी और अब लोग गोरे सैनिकों के भय से अस्पतालों में इलाज कराने जाने से भी डरने लगे। गोरों के अत्याचारों से प्लेग-पीड़ित और भी दयनीय स्थिति में आ गए थे। इससे क्रांतिकारियों का रक्त खौलने लगा और गोरे सैनिकों के साथ अकसर झड़पें होने लगीं। भारतीय युवा वर्ग पुलिस के निशाने पर आ गया था और कमिश्नर रैंड बेलगाम हो गया था।

कमिश्नर रैंड ने पंडित रमाबाई की शिकायत सुनकर भी अनसुनी कर दी। इससे गोरे सैनिकों का उत्साह बढ़ गया और वे अब खुलकर अत्याचार पर उतर आए। पीड़ितों में दहशत फैलने लगी और अब लोग गोरे सैनिकों के भय से अस्पतालों में इलाज कराने जाने से भी डरने लगे। गोरों के अत्याचारों से प्लेग-पीड़ित और भी दयनीय स्थिति में आ गए थे।

हालात अब अधिक बिगड़ने लगे थे। रैंड पर इस स्थिति को सँभालने का दबाव बन रहा था। गोखले और तिलक उस पर गरज-बरस रहे थे। 'केसरी' में निरंतर ऐसे-ऐसे लेख छप रहे थे, जिनसे रैंड की छवि तानाशाहों जैसी बन रही थी। वह भड़क तो रहा था, परंतु इतने बड़े राजनेताओं का वह सीधा सामना करने में भी हिचकिचाता था। उसने 16 मई, 1879 को प्लेग-जाँच कार्यक्रम समाप्त कर देने की घोषणा कर दी। महामारी अपनी तबाही के निशान छोड़ गई थी। गोरे अधिकारियों ने गरीब जनता को और भी गरीब बनाने में कोई कसर नहीं छोड़ी थी।

तिलक महाराज ने अपने कार्यकर्ताओं के साथ इस दिशा में सराहनीय सुधार-कार्य किए। गोरे सैनिकों ने ताजा हवा और धूप का बहाना लेकर घरों की छतों में सुराख कर दिए थे। संक्रात्मक कीटाणु नष्ट करने के लिए झोंपड़ियाँ जला दीं और पहले के वस्त्रों को भी आग के हवाले कर दिया। समाज-सुधारकों ने लोगों की इन आवश्यकताओं को पूरा करने का बीड़ा उठाया। 'चापेकर क्लब' भी इस कार्य में आगे रहा और इसके लिए उन्हें घर-घर जाना पड़ता था, तब उन्हें लोगों की आपबीती सुनने को मिली। गोरे सैनिकों के अत्याचारों की जो कहानी उस समय महामारी के कारण अधिक संज्ञान में नहीं आ सकी थी, वे अब एक-एक करके सामने आ रही थीं। चापेकर बंधुओं का हृदय द्रवित हो उठता और रैंड के प्रति उनका आक्रोश बढ़ता ही गया।

❑

दामोदर चापेकर का आक्रोश

इसी सुधार अभियान में एक दिन दामोदर चापेकर की भेंट पंडित रमाबाई से हुई। रमाबाई वह समाज-सेविका थीं, जिन्होंने महामारी के दुर्दिनों में दिन-रात पीड़ितों की सेवा की और बहुत करीब से गोरे अधिकारियों के अत्याचारों को देखा था।

''इस देश का दुर्भाग्य ही है, जो इतनी बड़ी आबादी होते हुए भी चंद अंग्रेज हम पर शासन कर रहे हैं। हमारे देश का हर प्रकार से शोषण हो रहा है। सोने की चिड़िया कहा जानेवाला भारत इन विदेशी लुटेरों ने कंगाल बना दिया है। हमारा धर्म संकट में पड़ गया है। ईसाइयत ने लालच और विवशता के सहारे पाँव जमा लिये हैं। भूख से तड़पते लोग पेट की आग बुझाने के लिए धर्म को त्याग देने पर विवश हैं।'' पंडित रमाबाई ने हताश स्वर में कहा।

''आप सत्य कह रही हैं। देश आज गहरे संकट में है।'' दामोदर ने गंभीर स्वर में कहा, ''गुलामी की यह पीड़ा अब असहनीय हो चली है। अब तो लगता है कि भगवान् भी हम भारतीयों से रूठ गया है। ये प्राकृतिक आपदाएँ देश को झकझोर देती हैं। अकाल और प्लेग ने पिछले पच्चीस वर्षों से देश में जो वातावरण बनाया है, उसने निर्धनों की संख्या बढ़ाई है।''

''प्राकृतिक आपदाएँ सहने को इनसान सदैव विवश रहा है और आगे भी रहेगा। प्राकृतिक का रौद्र रूप तो सरकारें भी नहीं रोक सकीं,

पर इसके बाद पीड़ितों की सहायता तो की ही जा सकती है। प्लेग के समय अंग्रेजों ने जो निर्दयता दिखाई है, वह और भी असहनीय है।''

''अरे हाँ, आपके साथ भी तो अभद्रता हुई थी।''

''हाँ! यह पूना के समीप ही एक गाँव की घटना थी। एक शिविर में मरीजों की देखभाल करने का काम मैं और मेरी साथी महिलाएँ करने गई थीं। हम सभी उन शिविरों में अकसर जाती थी, जहाँ महिला-मरीज अधिक होती थी। शिकायतें तो सुनने को मिल ही रही थीं। हम शिविर में गईं तो हमें रात हो गई थी और कोई साधन उस समय पूना लौटने के लिए उपलब्ध नहीं था।''

''फिर तो आपको वहीं रुकना पड़ा होगा?''

''हाँ! हम सब वहीं ठहर गई थी। रात को गोरे सिपाही आए और मरीज महिलाओं से छेड़खानी करने लगे। वैसे राक्षसों को प्लेग-पीड़ितों को छूने से भी ऐतराज था, पर वासना और नशे में वे जानवर हो जाते थे। विवश महिलाएँ लाज और भय से कुछ कह नहीं पाती थीं। नारी का सतीत्व संकट में था। अभी तक ऐसे किस्से मैंने सुने थे, पर उस रात आँखों से देख भी लिया।''

हाँ! हम सब वहीं ठहर गई थी। रात को गोरे सिपाही आए और मरीज महिलाओं से छेड़खानी करने लगे। वैसे राक्षसों को प्लेग-पीड़ितों को छूने से भी ऐतराज था, पर वासना और नशे में वे जानवर हो जाते थे। विवश महिलाएँ लाज और भय से कुछ कह नहीं पाती थीं। नारी का सतीत्व संकट में था।

''मैं भी अकसर ऐसी शिकायतें सुनता था, पर केवल आक्रोशित होता था। कई बार कुछ ऐसा कर गुजरने की भावना रहती थी, पर खुद पर काबू रखता था और पीड़ितों की सेवा करके अपने मन को समझा लेता था। खैर, आप बताइए।''

"उस रात हम सब सो रही थीं कि कुछ औरतों के रोने की आवाजें आईं। हम वहाँ गईं तो देखा कि गोरे सैनिक उनसे छेड़छाड़ कर रहे थे। हमने विरोध किया तो नशे में धुत्त सिपाहियों ने मेरी साथी महिलाओं को भी गालियाँ दीं और मुझे खींचकर ले जाने लगे, तब कुछ डॉक्टरों ने आकर मेरी सहायता की और जैसे-तैसे वे गोरे सिपाही वहाँ से भागे। हम सबने सवेरा होने का इंतजार डर-डरकर किया और फिर सुबह बड़े अधिकारियों से जाकर मिलीं। उनसे उन सिपाहियों की शिकायत करते हुए न्याय की गुहार लगाई, मगर कोई सुनवाई नहीं हुई। यहाँ तक कि कमिश्नर रैंड ने भी कोई सुनवाई नहीं की।"

उस रात हम सब सो रही थीं कि कुछ औरतों के रोने की आवाजें आईं। हम वहाँ गईं तो देखा कि गोरे सैनिक उनसे छेड़छाड़ कर रहे थे। हमने विरोध किया तो नशे में धुत्त सिपाहियों ने मेरी साथी महिलाओं को भी गालियाँ दीं और मुझे खींचकर ले जाने लगे, तब कुछ डॉक्टरों ने आकर मेरी सहायता की और जैसे-तैसे वे गोरे सिपाही वहाँ से भागे।

"यह सब तो उसी की शह पर हो रहा था न! वह क्यों सुनवाई करने लगा?"

"यही बात थी। उसने कहा था कि जनता वैसे ही प्लेग के कारण परेशानियों से घिरी हुई है, ऐसे में ऐसे विषय उठाना उचित नहीं होगा। कुछ सिपाहियों की अभद्रता को लेकर हंगामा खड़ा करना पीड़ितों की सहायता में व्यवधान पैदा करना है।"

"यह तो साफ-साफ अंग्रेजी धमकी थी कि जुल्म सहो, आतंक सहो, पर जुबान न खोलो। खोली तो सरकार जो सहायता कर रही है, वह बंद कर दी जाएगी।"

"हाँ, वह कमिश्नर रैंड इनसान के भेष में शैतान ही है। उसे

भारतीयों की पीड़ा में आनंद आता है।''

''ऐसे राक्षसों को तो सरेआम गोली से उड़ा देना चाहिए।''

''ऐसे ही भाव मेरे मन में भी उठा था, चापेकर भाऊ! एक दिन तो जरूरत ही उस शैतान को उसकी करनी का फल मिलेगा। भगवान् के यहाँ देर है, पर अंधेर नहीं। देखना, उसको भयानक मौत मिलेगी।''

दामोदर चापेकर की आँखों में आक्रोश उतर आया था। वह इस दिशा में कुछ अधिक ही उग्र हो चला था, परंतु केवल उग्रता ही काम नहीं आनेवाली, बल्कि ठंडे दिमाग से भी कुछ सोचना आवश्यक था। चापेकर को इस विषय पर जिस गहन परामर्श की आवश्यकता थी, उसके लिए उसके दिमाग में एक ही नाम आया सावरकर! एक वही ऐसे बुद्धिजीवी थे, जो इस विषय को किसी सुखद मोड़ तक पहुँचा सकते थे।

दामोदर चापेकर ने सावरकर से मिलने का निश्चय किया और कुछ प्रयासों के बाद सावरकर से उनकी गुप्त भेंट हुई।

❑

सावरकर की सलाह

सावरकर फर्ग्युसन कॉलेज के छात्र और उग्र क्रांति के समर्थक थे। वे अंग्रेजों के साथ अर्जी और आवेदनों की भाषा में बात करने को भारतीय राजनेताओं की कमजोरी कहते थे। उनका मानना था कि अंग्रेज भारत में शासन नहीं कर रहे, बल्कि आर्थिक शोषण के लिए जबरन शासक बन बैठे हैं। वे कहते थे, जब हमारे घर में चोर, लुटेरे आ घुसते हैं तो क्या हम उनके साथ अर्जी-आवेदन करते हैं, कृपया हमारे घर से चले जाइए। नहीं, हम यथाशक्ति उन्हें भगाते हैं। जो नहीं भागते, उन्हें मार डालते हैं। अंग्रेज भी ऐसे ही लुटेरे हैं, जो भारत में घुसकर लूटपाट कर रहे हैं।

सावरकर की यह विचारधारा अंग्रेजी सरकार के लिए नंगी तलवार से कम नहीं थी, इसलिए फर्ग्युसन कॉलेज अंग्रेजी सरकार के गुप्त-तंत्र की निगाहों में था और सावरकर उनके निशाने पर थे। सावरकर जानते थे कि अंग्रेज अधिकारी तिलक महाराज को घेरने के प्रयास में हैं और ऐसा ही वे स्वयं उनके साथ भी करनेवाले हैं, परंतु वे आसानी से उनके पंजे में फँसनेवाले न थे। बहुआयामी प्रतिभा के धनी सावरकर ने अपनी विचारधारा को बहुत शीघ्रता और सजगता से युवाओं में फैला दिया, क्योंकि उनका भी व्यापक क्रांतिकारी संगठन था। सावरकर ने हिंसक क्रांति का समर्थन करते हुए भारतीय क्रांति को फ्रांस और अमेरिकी क्रांति से प्रेरणा लेने की बात कही थी। वे

विश्व क्रांति साहित्य को ऐसा हथियार बताते थे, जिससे कई बार अंग्रेजी साम्राज्य की जड़ें विभिन्न देशों में हिलाई थीं। लेनिन, मैजिनी, गैरीबॉल्डी, कावूर और बिस्मार्क जैसे कूटनीतिक क्रांतिकारियों के विचारों से संबंधित बहुत सारी पुस्तकें उन्होंने पढ़ी थीं। उन्होंने अपने विश्वसनीय सहयोगी पी.एन. बापट को बम बनाने की कला सीखने पेरिस भी भेजा हुआ था।

इसी क्रांति-कड़ी में एक और बुद्धिजीवी का नाम उभर रहा था और वह श्यामजी कृष्णवर्मा का था, जो इन्हीं दिनों इंग्लैंड से वकालत करके आए थे और रतलाम, अजमेर तथा जूनागढ़ रियासतों के दीवान पद पर नियुक्त हुए थे। उन्होंने इंग्लैंड में रहकर जो समझा और जाना था, उससे भारत में अंग्रेजी सरकार के शासन से उन्हें घृणा सी होती गई। वे भारत की स्वतंत्रता के लिए मचल उठे और सशस्त्र और हिंसक क्रांति में विश्वास रखनेवाले लोगों के संपर्क में आए। सावरकर से भी उनकी भेंट हुई। ये दो बुद्धिजीवी एक नवीन पद्धति से आगे बढ़े।

इसी क्रांति-कड़ी में एक और बुद्धिजीवी का नाम उभर रहा था और वह श्यामजी कृष्णवर्मा का था, जो इन्हीं दिनों इंग्लैंड से वकालत करके आए थे और रतलाम, अजमेर तथा जूनागढ़ रियासतों के दीवान पद पर नियुक्त हुए थे। उन्होंने इंग्लैंड में रहकर जो समझा और जाना था, उससे भारत में अंग्रेजी सरकार के शासन से उन्हें घृणा सी होती गई।

श्यामजी कृष्णवर्मा इंग्लैंड में रहकर भारतीय आंदोलन को मजबूत करने के कार्य को तय करके लंदन चले गए और वहाँ 'इंडिया हाउस' 65, क्रॉमवेल एवेन्यू हाईगेट पर भारतीय छात्रावास स्थापित किया। भारतीय क्रांति का यह सफल कदम रहा। सावरकर को इसी

माध्यम से क्रांतिकारी साहित्य और हथियारों की प्राप्ति होती थी, जो क्रांति के आवश्यक साधन थे।

दामोदर चापेकर को सावरकर के विषय में इतना नहीं पता था। वे केवल इतना जानते थे कि युवा सावरकर का क्रांति दृष्टिकोण औरों से भिन्न है। अभी इतनी छोटी आयु में इतना भिन्न ज्ञान सावरकर को छात्र-राजनीति का भविष्य कहता था। चापेकर से वे आयु में बहुत छोटे थे, परंतु उनकी बातों में चापेकर को परिकल्पना दिखाई देती थी। सावरकर से उनकी भेंट बहुत गुप्त रूप से संभव हो सकी।

दामोदर चापेकर को सावरकर के विषय में इतना नहीं पता था। वे केवल इतना जानते थे कि युवा सावरकर का क्रांति दृष्टिकोण औरों से भिन्न है। अभी इतनी छोटी आयु में इतना भिन्न ज्ञान सावरकर को छात्र-राजनीति का भविष्य कहता था। चापेकर से वे आयु में बहुत छोटे थे, परंतु उनकी बातों में चापेकर को परिकल्पना दिखाई देती थी

"भाऊ! ऐसा क्या विचार बन गया कि भेंट की आवश्यकता पड़ी।" सावरकर ने गंभीरता से कहा, "पूना में प्लेग के दौरान गोरे अधिकारी से हमारे कॉलेज के छात्रों का कई बार बाद-विवाद होता रहा था, इसलिए अंग्रेज सरकार हम पर कड़ी नजर रखती है। वैसे भी तिलकजी का नाम इस कॉलेज से जुड़ा होने के कारण भी हम सरकार की आँखों के शूल हैं, इसलिए हमें बहुत सजगता बरतनी पड़ती है। आपको संदेश मिला तो सोचा कि कोई बहुत आवश्यक कार्य होगा तो खतरा उठाया।"

"सावरकर! मैं स्थिति से अनजान नहीं हूँ, परंतु मेरे मन की उद्विग्नता ने मुझे तुमसे ही मिलने को प्रेरित किया। मेरी भेंट कुछ दिन पहले पंडित रमाबाई से हुई थी और उन्होंने जो बताया, उसने मेरा खून

खौला दिया। उस कमिश्नर रैंड के प्रति मेरे हृदय में बहुत घृणा सी हो गई। दिल ने किया कि उस राक्षस को मारकर उससे अत्याचारों का बदला लूँ, पर यह नामुमकिन काम है।''

''भाऊ! वास्तव में हम भारतीयों की सबसे बड़ी समस्या है कि हम परिचित और सुरक्षित मार्ग पर चलना उचित समझते हैं, जबकि नए मार्गों की आवश्यकता है। कोई उन मार्गों को खोजने के लिए आगे नहीं बढ़ता। सन् 1857 का स्वतंत्रता संग्राम वीर शहीद मंगल पांडे की गोली से मार्ग चुन सका था। जब भी अंग्रेज सरकार के खिलाफ विद्रोह हुए हैं, उनके लिए मार्ग प्रशस्त करनेवाले ही अग्रणी रहे हैं। आज देश में आक्रोश की ऐसी स्थिति है कि ज्वालामुखी का ताप भी इसके सामने शून्य है, पर भाऊ! इस आक्रोश का मुहाना तो कोई हो।''

भाऊ! वास्तव में हम भारतीयों की सबसे बड़ी समस्या है कि हम परिचित और सुरक्षित मार्ग पर चलना उचित समझते हैं, जबकि नए मार्गों की आवश्यकता है। कोई उन मार्गों को खोजने के लिए आगे नहीं बढ़ता। सन् 1857 का स्वतंत्रता संग्राम वीर शहीद मंगल पांडे की गोली से मार्ग चुन सका था। जब भी अंग्रेज सरकार के खिलाफ विद्रोह हुए हैं, उनके लिए मार्ग प्रशस्त करनेवाले ही अग्रणी रहे हैं।

''मैं समझा नहीं, सावरकर!''

''भाऊ!'' सावरकर ने गंभीरता से कहा, ''अंग्रेज सरकार के अत्याचार से इस देश में कौन पीड़ित नहीं है। मामूली रिक्शाचालक जब गोरे साहब को लेकर जाता है तो उसके भी हृदय में आक्रोश पनपता है, क्योंकि गोरा साहब उसके पसीने की बू से नाक-भौं सिकोड़ता है। यह आक्रोश सभी में है, परंतु कोई इसे बाहर निकाले।

जो मन में आए, कर ही डाले तो इससे एक मार्ग प्रशस्त हो सकता है। बस, हमारे आंदोलन की यही कमजोरी है।''

''ऐसा नहीं है। आक्रोश फट पड़ना चाहता है। यदि क्रांति को मार्ग की आवश्यकता है तो वह मार्ग खोजने का काम हम करेंगे, मगर इसमें सफल होना भी वह जरूरी है, वरना इसका लाभ कैसे मिलेगा?''

कुछ मार्ग लाभ-हानि सोचकर नहीं खोजे जाते, भाऊ! अच्छा या बुरा होने की बात तो तब सामने आती है, जब उस काम को आगे बढ़ाया जाता है। मान लीजिए, हम कोई कार्य करते हैं और उसका फल नकारात्मक मिलता है तो इससे आनेवाली पीढ़ी को या तो संशोधन की प्रेरणा मिलती है या उस काम से दूर रहने की।

''कुछ मार्ग लाभ-हानि सोचकर नहीं खोजे जाते, भाऊ! अच्छा या बुरा होने की बात तो तब सामने आती है, जब उस काम को आगे बढ़ाया जाता है। मान लीजिए, हम कोई कार्य करते हैं और उसका फल नकारात्मक मिलता है तो इससे आनेवाली पीढ़ी को या तो संशोधन की प्रेरणा मिलती है या उस काम से दूर रहने की। दोनों ही स्थितियों में हमें लाभ हुआ। यदि परिणाम सकारात्मक है तो भी हमें लाभ ही है।''

''मैं तुम्हारी बात समझ रहा हूँ, पर ऐसे कार्य बिना तैयारी के तो नहीं होते!''

''भाऊ! जब आप कुछ अच्छा करने का विचार कर लेते हैं तो परिस्थितियाँ अनुकूल होती जाती हैं। साधन सुलभ होते जाते हैं। सहायक मिलते जाते हैं। आप जो भी करने की सोचते हों, हमसे आप पूरा सहयोग लें। हम तन, मन और क्षमतानुसार धन से भी आपके साथ

हैं। मुझे तो बड़ी प्रसन्नता है कि आप अपने दबे आक्रोश को बाहर निकालकर हम लोगों को एक प्रेरणा दे रहे हैं। विश्वास कीजिए, आपकी प्रेरणा देश को नई दिशा देगी।''

''हम सोचते हैं कुछ। तुम्हारी बातों में जो गहराई है, वह मेरे मन को बहुत संतुष्टि प्रदान करती है। मेरी तुमसे यह भेंट व्यर्थ नहीं गई। मेरे मन में जो प्रश्न थे, उनके उत्तर मुझे मिल गए। धन्यवाद!''

युवा सावरकर ने हाथ जोड़कर प्रणाम किया। दामोदर चापेकर ने अब कुछ अलग ही सोच लिया था और सावरकर ने उनके मन की भावना को समझ लिया था। क्रांतिदूतों ने अपना आक्रोश योजनाबद्ध कर लिया था।

❑

चापेकर बंधुओं की क्रांतिकारी योजना

प्लेग-उन्मूलन अभियान में गोरे अधिकारियों द्वारा की गई अभद्रता और अत्याचार के कई मामले सामने आ गए थे। बहुत से लोगों की शिकायत थी कि उनके घरों से कीमती सामान चोरी हुआ था। 'केसरी', 'मराठा' और 'काल' जैसे समाचार-पत्रों ने इन शिकायतों को प्रकाशित करना आरंभ कर दिया। तिलक ने तो अपने लेखों में यहाँ तक लिख दिया कि रिलीफ-कमेटी के मेरे सदस्यों ने अत्याचारों की ऐसी बाढ़ ला दी थी कि पीड़ित उनके भय से इलाज कराने में भी झिझकने लगे थे। सरकारी अस्पतालों में इलाज की अपेक्षा लोगों ने गैर-सरकारी अस्पतालों में जाना पसंद किया तो इसका एक मुख्य कारण गोरे सिपाहियों का भय था। उन्होंने लोगों को भी यह कहा कि आत्मसम्मान और आत्मरक्षा का अधिकार सभी को है।

तिलक के इन लेखों से सरकार विचलित हो उठी थी। सरकार को ऐसे लेखों से जनता में सरकार के प्रति दुर्भावना उत्पन्न होने की आशंका थी, परंतु सरकार जब भी तिलक पर दबाव बनाती, तिलक अपने लेखों का ऐसा स्पष्टीकरण देते कि सरकार हाथ मलती रह जाती।

इस बीच शिवाजी जयंती का अवसर आ गया था। पिछले तीन सालों में यह जयंती समूचे महाराष्ट्र में भव्यता और सामूहिक उत्सव का प्रतीक बन गई थी, जिसका श्रेय बाल गंगाधर तिलक को दिया जाता है। यद्यपि हर वर्ष इन उत्सवों को लेकर विवाद भी हुए, परंतु तिलक

जानते थे कि महाराष्ट्र में शिवाजी से अच्छा कोई आदर्श चरित्र हो ही नहीं सकता। मराठा-इतिहास शिवाजी महाराज से ही गौरव पाता है। उन्होंने रायगढ़ में शिवाजी महाराज की समाधि का जीर्णोद्धार कराने का संकल्प लेकर महाराष्ट्र के गली-नगरों में पद-यात्राएँ कीं और लोगों के हृदय में मराठा गौरव के इस विस्मृत अध्याय को पुनः महिमामंडित कर दिया। महाराष्ट्र के लोगों ने बढ़-चढ़कर हिस्सा लिया और योगदान दिया। सरकार ने ऐसे समय पर भी अड़चनें पैदा की थीं और इसमें अंग्रेजों की धूर्तता भी सामने आई, तब अंग्रेज सरकार ने शिवाजी उत्सव को मुसलमान विरोधी कार्यक्रम बताकर सांप्रदायिकता भड़काने की कोशिश की। कुछ स्थानों पर अंग्रेजों को अपनी चाल सफल होती भी लगी और छिटपुट सांप्रदायिक तनाव भी हुए, परंतु तिलक ने इस स्थिति को सँभालते हुए अपने एक भाषण में इस अंग्रेजी धूर्तता का पर्दाफाश करते हुए सद्भाव स्थापित रखने की अपील की।

मराठा-इतिहास शिवाजी महाराज से ही गौरव पाता है। उन्होंने रायगढ़ में शिवाजी महाराज की समाधि का जीर्णोद्धार कराने का संकल्प लेकर महाराष्ट्र के गली-नगरों में पद-यात्राएँ कीं और लोगों के हृदय में मराठा गौरव के इस विस्मृत अध्याय को पुनः महिमामंडित कर दिया। महाराष्ट्र के लोगों ने बढ़-चढ़कर हिस्सा लिया और योगदान दिया।

तिलक ने अपने भाषण में जनता को संबोधित करते हुए कहा, ''शिवाजी-उत्सव मुसलमानों का विरोध करने या उन्हें उत्तेजित करने के लिए नहीं मनाया जा रहा है। यह सच है कि शिवाजी के शासन में हिंदू-मुसलिम भेदभाव था, परंतु यह सामाजिक नहीं, राजनीतिक था। मुगल शासन के विरुद्ध मराठा-शासन का स्वातंत्र्य युद्ध था, परंतु अब

परिस्थितियाँ भिन्न हैं। आज विदेशी सरकार के शासन में हिंदू-मुसलिम हित समान रूप से प्रभावित हो रहे हैं। शिवाजी आज के समय भारतीयों की प्रेरणा बन सकते हैं। हम महान् अकबर से भी प्रेरणा लेते हैं और उनके सम्मान में होनेवाले उत्सव में भी उतने ही उत्साह से भाग लेने को प्रस्तुत हैं, जितना शिवाजी या अन्य भारतीय नायक कों उत्सव में लेते हैं। क्या ईद और दीपावली हम सद्भावना से नहीं मना रहे हैं ? इन भ्रांतियों से दूर रहकर हमें अपने आदर्शों की रक्षा करनी है।''

तिलक के सराहनीय प्रयासों से स्थिति सँभली और शिवाजी उत्सव ने महाराष्ट्र से आगे बढ़कर अन्य प्रांतों में भी ख्याति पाई। अंग्रेज सरकार ऐसे किसी भी आयोजन को नहीं होने देना चाहती थी, जिससे भारतीय एकता का दृश्य प्रस्तुत हो। सरकार ने इन उत्सवों में व्यापक विद्रोह की गंध सूँघ ली थी।

तिलक के सराहनीय प्रयासों से स्थिति सँभली और शिवाजी उत्सव ने महाराष्ट्र से आगे बढ़कर अन्य प्रांतों में भी ख्याति पाई। अंग्रेज सरकार ऐसे किसी भी आयोजन को नहीं होने देना चाहती थी, जिससे भारतीय एकता का दृश्य प्रस्तुत हो। सरकार ने इन उत्सवों में व्यापक विद्रोह की गंध सूँघ ली थी। अतः इन्हें राजद्रोह की श्रेणी में ला दिया, परंतु अब तक ये जनमानस में रच-बस गए उत्सव बन गए थे।

प्लेग-प्रकोप के बाद भी शिवाजी-उत्सव का आयोजन किया गया और महाराष्ट्र में स्थान-स्थान पर विभिन्न कार्यक्रम आयोजित हुए। तिलक की अध्यक्षता में भी प्रवचन व व्याख्यान हुए। इतिहास के प्राचार्य श्री भानु द्वारा अपने व्याख्यान में शिवाजी द्वारा अफजल खाँ के वध पर प्रकाश डाला गया। प्राचार्य ने बड़े ही सुंदर शब्दों से शिवाजी का गुणगान करते हुए अफजल खाँ के वध को न्याय-संगत ठहराया। उन्होंने कहा कि जब कोई अत्याचारी अपने

अत्याचार से प्रजा को भयभीत कर देता है तो उसका वध करना आवश्यक हो जाता है, यही प्रेरणा शिवाजी ने दी थी। यह व्याख्यान इतने सुंदर ढंग से दिया गया था कि समाचार-पत्रों ने इसे मुखपृष्ठ पर स्थान दिया।

'चापेकर क्लब' में भी इस व्याख्यान से एक प्रेरक संदेश पहुँचा। क्लब के सदस्य समाचार-पत्र को लेकर बैठे थे और उस व्याख्यान पर विचार-विमर्श कर रहे थे। चापेकर बंधु भी उपस्थित थे। दामोदर चापेकर ने इस विषय को नई दिशा में मोड़ दिया।

''इसी पूना शहर ने अफसल खाँ का आतंक देखा था। शिवाजी महाराज ने उसका वध करके उसके आतंक को समाप्त किया।'' दामोदर चापेकर ने कहा, ''आज वह कमिश्नर रैंड अपनी कुशासन शक्ति के मद में अफजल खाँ ही बना बैठा है। उसने तो बंबई प्रेसीडेंसी को ही भय से भर दिया। उसकी शह पाकर गोरे सैनिकों ने लूटपाट, तोड़-फोड़ और अपमान करने का अभियान चलाया। हमारे मंदिरों को अपवित्र किया, मूर्तियों को तोड़ दिया और हमारी स्त्रियों से अभद्रता की।''

'चापेकर क्लब' में भी इस व्याख्यान से एक प्रेरक संदेश पहुँचा। क्लब के सदस्य समाचार-पत्र को लेकर बैठे थे और उस व्याख्यान पर विचार-विमर्श कर रहे थे। चापेकर बंधु भी उपस्थित थे। दामोदर चापेकर ने इस विषय को नई दिशा में मोड़ दिया।

''भाऊ! यहाँ तक सुनने में आ रहा है कि कई स्त्रियों का शीलहरण भी किया गया है, जिनमें से एक ने तो आत्महत्या कर ली है।'' एक सदस्य ने बताया।

''हम भारतीय फिर भी मौन बैठे हैं।'' बालकृष्ण चापेकर आक्रोश से बोला, ''उस राक्षस रैंड को तो अफजल खाँ की तरह सजा मिलनी चाहिए।''

''वह सजा देगा कौन? अब शिवाजी अवतरित होंगे?''

''यह हमारी विडंबना है कि हम अवतारों की प्रार्थना और प्रतीक्षा करते हैं।'' हमें उनसे प्रेरणा लेनी चाहिए।'' दामोदर ने कहा, ''बेशक हम उनके जितने साहसी और बुद्धिमान नहीं हैं, पर क्या हम अपने साहस और बुद्धिमानी को उनसे प्रेरित नहीं कर सकते! प्रेरणा और आदर्शों में गुणित शक्ति होती है।''

''भाऊ! यह कहना चाहते हो कि हम रैंड को मार डालें!'' एक सदस्य ने भय और आश्चर्य से पूछा, ''यही तुम्हारा तात्पर्य है?''

''हाँ! जब किसी व्यवस्था का कोई अंग पीड़ा देने लगे तो सुशासन को चाहिए कि उस अंग को काटकर बाहर निकाल दिया जाए, पर अंग्रेजी सरकार तो ऊपर से नीचे तक कुशासन में डूबी हुई है, इसलिए उससे तो कोई आशा नहीं रखी जा सकती।'' ''भाऊ! पीड़ा तो सारी अंग्रेजी व्यवस्था दे रही है।''

''हाँ! जब किसी व्यवस्था का कोई अंग पीड़ा देने लगे तो सुशासन को चाहिए कि उस अंग को काटकर बाहर निकाल दिया जाए, पर अंग्रेजी सरकार तो ऊपर से नीचे तक कुशासन में डूबी हुई है, इसलिए उससे तो कोई आशा नहीं रखी जा सकती।''

''भाऊ! पीड़ा तो सारी अंग्रेजी व्यवस्था दे रही है।''

''तो सारी व्यवस्था को ही उखाड़ फेंकने की प्रक्रिया को स्वतंत्रता-संग्राम कहा जाता है। इसी पीड़ा से देश को मुक्त करने के लिए लाखों सिर कटे हैं। सन् 1857 के स्वतंत्रता संग्राम में इसी व्यवस्था को मिटाने का सामूहिक प्रयास हुआ था···तो क्या आज हम भारतीय ऐसा संकल्प नहीं कर सकते! आज तो उस समय से भी अधिक जनजागृति है और साधन भी हैं। पीड़ा भी ज्यादा है। यही आदर्श समय है, जब क्रांति का

विस्फोट हो और अंग्रेजी सरकार भस्म हो जाए।''

''भाऊ! अकेले रैंड के वध से सरकार भस्म नहीं होगी।''

''एक-एक को मारने से तो होगी। अंग्रेजों में इतनी हिम्मत कहाँ है कि प्राण पर आ बने तो मैदान में डटे रहें। एक को मारो, दस भागते हैं।''

''भाऊ! रैंड को मारना न तो आसान है और न उससे इतने बड़े विद्रोह की संभावना बनती है, जितना तुम सोच रहे हो। हम किसी प्रकार रैंड का वध करने में सफल हो भी गए तो अंग्रेज सरकार हमें पाताल से भी खोजकर फाँसी पर चढ़ा देगी।''

भाऊ! रैंड को मारना न तो आसान है और न उससे इतने बड़े विद्रोह की संभावना बनती है, जितना तुम सोच रहे हो। हम किसी प्रकार रैंड का वध करने में सफल हो भी गए तो अंग्रेज सरकार हमें पाताल से भी खोजकर फाँसी पर चढ़ा देगी।

''रैंड तो मर जाएगा। भयभीत जनता में यह विश्वास तो बनेगा कि अत्याचारी को उसके किए की सजा मिलती है। ऐसे अत्याचारी कुछ तो सबक लेंगे।'' दामोदर का लहजा भड़क उठा, ''सरकार नींद से जागेगी कि अब भारतवासियों का सब्र टूट चुका है। हमारे फाँसी पर झूल जाने से हमारे युवाओं में कुछ आक्रोश, कुछ जोश तो पैदा होगा। क्या यही हमारे लिए पर्याप्त न होगा?''

''और वैसे भी हम भारतीय फाँसी पर ही लटके हैं।'' बालकृष्ण चापेकर ने कहा, ''जहाँ चैन से साँस न आए, पल-पल प्राण निकलने का भय हो, अंग्रेज जल्लाद सामने खड़े रहते हों, वह फाँसी ही तो है। हमारी गरदनों में अप्रत्यक्ष रूप से अंग्रेजी कुशासन के फंदे तो पड़े हुए ही हैं।''

''पर भाऊ! रैंड का वध करना असंभव है। वह कमिश्नर है। उसकी मरजी के खिलाफ तो उसे हवा भी स्पर्श नहीं कर सकती।

उसकी सुरक्षा में सैकड़ों सिपाही रहते हैं।''

''सुनियोजित योजना और संकल्प से सब संभव है।''

''भाऊ! हम लोग सामाजिक सुधार के कामों और कठिन समय में लोगों की सहायता करनेवाले हैं, हमसे ऐसे खतरनाक काम नहीं हो सकते।'' गणेश द्रविड़ ने धीरे से कहा, ''अंग्रेज सरकार कितनी निर्दयी है, यह हम सब जानते हैं। जरा से अपराध पर सरकार जेल में डाल देती है, कत्ल तो संगीन अपराध है। कुनबे को भी कोल्हू में पेल देगी। मेरी बात मानो, मैं देशसेवा के लिए हमेशा प्रस्तुत हूँ, पर इस तरह के विचारों को मैं समर्थन नहीं दूँगा।''

गणेश! यह काम तुम्हारे बस का नहीं है, यह हम जानते हैं। हममें से सभी तो ऐसे काम नहीं कर सकते। यह तो कुछ ही लोगों का काम है। तुम हमारे क्लब के सदस्य हो, इसलिए तुमसे राय ली है। सबको अपनी राय देने का हक है। हम तुमसे इतनी अपेक्षा तो रख ही सकते हैं कि हमारे बीच जो बातचीत हुई है, वह हम सबके बीच में ही रहे तो उचित रहेगा।

''गणेश! यह काम तुम्हारे बस का नहीं है, यह हम जानते हैं। हममें से सभी तो ऐसे काम नहीं कर सकते। यह तो कुछ ही लोगों का काम है। तुम हमारे क्लब के सदस्य हो, इसलिए तुमसे राय ली है। सबको अपनी राय देने का हक है। हम तुमसे इतनी अपेक्षा तो रख ही सकते हैं कि हमारे बीच जो बातचीत हुई है, वह हम सबके बीच में ही रहे तो उचित रहेगा।'' वासुदेव चापेकर ने कहा।

''तुम समझते हो कि मैं क्लब के प्रति वफादार नहीं हूँ। भाई! किसी को मारना मेरे वश में नहीं है। खून-खराबे से मुझे डर लगता है, पर मैं मित्रघाती तो नहीं हूँ।'' गणेश ने खिन्न स्वर में कहा।

"इसका यह तात्पर्य नहीं था।" दामोदर ने प्रेम से कहा, "यह कहना चाहता हूँ कि हम जिस विषय पर विचार कर रहे हैं, सहमति बने। यह भी हो सकता है कि हमें यह विचार छोड़ना पड़े, पर यह बात किसी भी प्रकार बाहर नहीं जानी चाहिए, यह हम सबका दायित्व है, क्योंकि इससे हमारा क्लब संकट में आ सकता है।"

"भाऊ! वासुदेव पता नहीं क्यों, मुझ पर संदेह करता है।" गणेश ने खिन्न स्वर में कहा, "मैं क्या इस बात से परिचित नहीं हूँ कि हमें क्लब के सभी नियमों का पालन करना है, फिर भी वासुदेव मुझसे ऐसी बातें करता है।"

"मुझे किसी से निजी द्वेष नहीं है।" वासुदेव ने कहा, "मैं तो गणेश भाऊ से इस बात पर बोला था कि रैंड को मारना नामुमकिन है। इतनी जल्दी किसी विचार को स्थगित कर देना कायरता है। उस दिशा में प्रयास करना होता है, जबकि गणेश भाऊ तो सोचने से भी भयभीत होते हैं।"

"यह अभी बच्चा है गणेश! इसकी बात को गंभीरता से मत लिया करो। हमें आपस में विश्वास बनाए रखना है। छोटी-छोटी बातों को तूल नहीं देना। हम जिस पथ पर हैं, उस पर हमें एक-दूसरे की शक्ति बने रहना है।" दामोदर ने गंभीरता से कहा, "मैं वासुदेव से भी यही कहूँगा कि यदि तुम अपने निजी द्वेष को खत्म नहीं कर सकते तो यह देशप्रेम का मार्ग तुम्हारे लिए नहीं है।"

"मुझे किसी से निजी द्वेष नहीं है।" वासुदेव ने कहा, "मैं तो गणेश भाऊ से इस बात पर बोला था कि रैंड को मारना नामुमकिन है। इतनी जल्दी किसी विचार को स्थगित कर देना कायरता है। उस दिशा में प्रयास करना होता है, जबकि गणेश भाऊ तो सोचने से भी भयभीत होते हैं।"

''इसमें अपने-अपने साहस की बात होती है। हत्या जैसे संगीन काम के लिए हर कोई तो सहमत नहीं हो सकता।'' गणेश ने कहा।

''चलो, बात यहीं खत्म करो।'' दामोदर ने कहा, ''अब सभी सदस्य इस विषय पर अपनी सहमति या असहमति दें।''

इस प्रक्रिया में दस मिनट लगे और सहमति बन गई, परंतु इस काम को कौन करेगा, इस पर चुप्पी छा गई। कोई हाथ नहीं उठा।

''मैं करूँगा।'' बालकृष्ण चापेकर ने दृढ़ता से कहा।

''सोच-समझ लो। प्राण जा सकते हैं।'' दामोदर ने पूछा।

''सोच-समझ लिया। मैं तैयार हूँ।''

''यह एक आदमी से होनेवाला काम नहीं है। हमें एक टीम बनानी होगी। सबसे पहले कमिश्नर की 'रैकी' करनी होगी। अवसर को खोजना होगा, जब हम सफल हो सकें और अपने बचाव के रास्ते भी सोचने होंगे।''

दामोदर की इस बात से सभी सहमत हुए। इन सब बातों पर गंभीरता से विचार करना था। टीम बना ली गई और दामोदर चापेकर को इस टीम का मुखिया बनाया गया। अब यह काम उस टीम को पूरा करना था।

❑

वासुदेव चापेकर का पारिवारिक दायित्व

“भाऊ!” बालकृष्ण चापेकर ने कहा, “मुझे लगता है कि हमने इस विषय को क्लब में उठाकर गलती कर दी। हम तीन भाई इस काम को पूरा कर सकते थे।”

“बाबू, भैया ठीक कह रहे हैं।” वासुदेव चापेकर ने कहा, “अगर रैंड का वध करने का विचार मन में आ ही गया था तो इसे हम खुद सफल कर लेते और किसी को कानोकान खबर भी नहीं लगती। अब यह बात इतने लोगों के बीच चली गई है कि सफलता में भी संदेह है और खतरा भी बढ़ गया है। मुझे उस गणेश और उसके भाई पर विश्वास नहीं है। वे लालची और डरपोक किस्म के लोग हैं।”

“तुम दोनों की चिंता मैं समझ रहा हूँ।” दामोदर चापेकर ने कहा, “हमें वाकई यह काम खुद ही करना चाहिए था, पर अब क्या हो सकता है! मैंने तो क्लब के सामने विचार रखना उचित समझा था।”

“भाऊ! हमारा क्लब समाज-सुधार के विषय पर अधिक उपयोगी है। इस प्रकार हिंसक कार्यों के लिए एकाध जना ही हमारा समर्थन कर सकता है। हमारे साथ आगे बढ़कर गोली चलाने को तो कोई भी राजी न होगा।”

“ठीक कहते हो। यह काम हमें ही करना होगा।”

“तो शेष काम ही ऐसा क्या था, जो हम नहीं कर सकते थे। बात तो फैलने या खुलने का खतरा न रहता।”

"अब इस डर से कदम पीछे नहीं हटाए जा सकते। यदि तुम दोनों भी साथ न दो, तब भी मैं पीछे नहीं हटनेवाला।" दामोदर ने दृढ़ता से कहा, "वह राक्षस रैंड मेरी आँख का शूल बन गया है और मैं तब तक चैन से नहीं बैठूँगा, जब तक उसे मार नहीं डालता, भले ही मेरी जान चली जाए।"

"भाऊ! ऐसा क्यों सोचते हो। हम आपसे अलग कैसे हो सकते हैं! हम आपके पसीने पर अपना रक्त बहा देंगे। आपके हर आदेश का पालन करना और हर इच्छा पूरी करना हमारा परमधर्म है। आप स्वप्न में भी कभी ऐसा न सोचें कि आपके भाई आपसे असहमत हो सकते हैं।" बालकृष्ण चापेकर ने भावुक होते हुए कहा, "आपने रैंड के वध का विचार बनाया है तो उसे मारना ही होगा। हमारे क्लब के सदस्य भी साथ न दें तो आपके दोनों भाई आपका यह संकल्प पूर्ण करेंगे।"

"भाऊ! ऐसा क्यों सोचते हो। हम आपसे अलग कैसे हो सकते हैं! हम आपके पसीने पर अपना रक्त बहा देंगे। आपके हर आदेश का पालन करना और हर इच्छा पूरी करना हमारा परमधर्म है। आप स्वप्न में भी कभी ऐसा न सोचें कि आपके भाई आपसे असहमत हो सकते हैं।"

"हाँ भाऊ!" वासुदेव चापेकर भी जोश में बोला, "हम खुद ही यह काम करें तो सुरक्षा की दृष्टि से उचित रहेगा।"

"बात तो तुम्हारी ठीक है, पर अब टीम बनाई जा चुकी है। विचार तो सबके सामने रख दिया गया है। अतः गोपनीयता तो क्लब तक ही रहेगी।"

"अब जो होगा, देखा जाएगा। जब विचार हमारा है, संकल्प हमारा है तो हमें हर खतरा उठाने के लिए तैयार रहना होगा। ऐसे अवसर बड़े भाग्य से मिलते हैं, जब देश के लिए कुछ करने का मौका

मिलता है।'' वासुदेव ने दृढ़ता से कहा, ''वैसे भी अंग्रेज सरकार के अत्याचारों से पीड़ित हमारा देश जिस दासता की बेड़ी में जकड़ा है, उससे स्वतंत्र होने के लिए एक-दो नहीं, बल्कि हजारों बलिदान चाहिए। चालीस साल पहले जैसा स्वातंत्र्य समर आरंभ करने के लिए उन चिनगारियों को भड़काने के लिए आहुति तो देनी ही होगी और यह अवसर हमें मिल रहा है।''

''छोटे! हमें गर्व है कि तुम देश के लिए मर-मिटने को भी तैयार हो, पर हम चाहते हैं कि तुम इस मामले से दूर रहो।'' दामोदर चापेकर ने कहा, ''हमें अपने परिवार के विषय में भी सोचना चाहिए। किसी एक को तो परिवार सँभालना ही होगा, इसलिए तुम यह दायित्व उठाओ।''

''हाँ छोटे!'' बालकृष्ण ने भी समर्थन किया, ''मैं और भाऊ इस काम को करते हैं और तुम परिवार का दायित्व उठाओ। हो सकता है कि हम पुलिस की नजरों से बचे रहें, पर संभावना यह भी है कि पुलिस हमें खोज लेगी। ऐसे में हमारे परिवार को सँभालने के लिए तुम्हारी आवश्यकता होगी।''

''हाँ छोटे!'' बालकृष्ण ने भी समर्थन किया, ''मैं और भाऊ इस काम को करते हैं और तुम परिवार का दायित्व उठाओ। हो सकता है कि हम पुलिस की नजरों से बचे रहें, पर संभावना यह भी है कि पुलिस हमें खोज लेगी। ऐसे में हमारे परिवार को सँभालने के लिए तुम्हारी आवश्यकता होगी।''

''भाऊ! यह कार्य आप दोनों में से कोई एक करे। मुझसे यह मौका मत छीनिए।'' वासुदेव ने विनय करके कहा।

''छोटे! तूने आज तक हमारी कोई बात नहीं टाली और आज भी मत टाल। हमें तू प्राणों से भी प्यारा है। हम कैसे तुझे ऐसे खतरे में डाल दें।''

''भाऊ! यही बात मुझे भी विचलित कर रही है।''

"हम जानते हैं, पर जिस काम को हम दो कर सकते हैं, उसमें तेरा भी दखल हो, इससे क्या लाभ? तू परिवार का दायित्व सँभाल लेगा, यह भी तेरा हम पर बड़ा उपकार होगा। हठ मत कर!"

"हाँ छोटे! हमारी बात मान ले। यह अंतिम अवसर तो नहीं है। इस देश में तब तक ऐसे शुभ अवसर आते रहेंगे, जब तक अंग्रेज यहाँ काबिज हैं।"

वासुदेव को हार माननी पड़ी। अपने बड़े भाइयों की बात उसने मानी।

अब दामोदर और बालकृष्ण ने ही इस कठिन कार्य को करने का इरादा कर लिया था, यद्यपि वासुदेव को दिया गया दायित्व भी महान् कार्य ही था।

❑

बालकृष्ण चापेकर का संकल्प

इस वर्ष महारानी विक्टोरिया के राज्यारोहण की हीरक जयंती थी, जिसे भारत में भी अंग्रेज सरकार बड़े धूमधाम से मनाने की तैयारी कर रही थी। ऐसे समय जबकि देश में हालात इतने खराब थे कि जनता अन्न के लिए तरस रही थी। तिलक, गोखले जैसे दिग्गज राष्ट्रवादी नेता अपने लेखों में सरकार को इस आयोजन पर होनेवाले खर्च के विवरण दे रहे थे और दयनीय देश में ऐसे भव्य आयोजन को सरकार का शोषण बता रहे थे। अंग्रेज सरकार को ऐसी आलोचनाओं से कभी कोई फर्क नहीं पड़ता था। उसे देश में फैली भुखमरी से क्या लेना-देना था! महारानी की हीरक जयंती को भव्य-से-भव्य बनाना उनकी प्राथमिकता थी। देश भर में इसकी तैयारियाँ चल रही थीं।

चापेकर बंधुओं ने बड़ी सजगता से अपनी योजना को आगे बढ़ाया और अपने साथियों से प्राप्त जानकारी के आधार पर अपनी तैयारियाँ शुरू कीं। उन्हें हथियार प्राप्त हो गए थे। इस काम में उनकी सहायता संभवतः सावरकर द्वारा की गई थी, जो अपने आप में बड़ा विकट काम था। चापेकर बंधुओं ने हीरक जयंती दिवस को ही चुना था, जो 22 जून, 1897 का दिन था। इस दिन सारे पूना शहर में सरकारी कार्यालयों को सजाया गया और ब्रिटिश ध्वज फहराकर भारत पर अंग्रेजी साम्राज्य के प्रभुत्व का प्रदर्शन किया गया। यह दिन उन अंग्रेजभक्तों के लिए तो महोत्सव था, जो सरकार की छत्रच्छाया में रहकर अपने ही देशवासियों

को तुच्छ समझते थे। ऐसे रियासतदार, जमींदार, ठाकुर और उद्योगपति अपनी राजनिष्ठा दिखाने का यह अवसर कैसे छोड़ सकते थे! ऐसे लोगों ने तो अपने-अपने खर्च पर इस उत्सव को मनाने का निर्णय लिया था। सारा प्रशासन सुरक्षा-व्यवस्था में जुटा हुआ था।

ऐसे समय पर चापेकर बंधुओं ने अपनी योजना को कार्यान्वित किया। उनके साथी महादेव रानाडे, विष्णु साठे बिल्कुल तैयार थे। शाम को सूरज छिपने से पहले चारों साथियों ने अपनी योजना पर चर्चा की ।

''जैसा कि हम सब जानते हैं, आज हीरक जयंती के अवसर पर सभी अंग्रेज अधिकारी सरकारी भवन में इकट्ठा होनेवाले हैं। हमारा शिकार भी वहीं आएगा। हमारी जानकारी के अनुसार वह अपनी मोटरगाड़ी में यहाँ से निकलेगा और आगे अपने पीले बँगले तक जाएगा।'' दामोदर ने बताया, ''हमें इसी बीच अपना काम करना है। गणेशखिंड रोड हमारे काम के लिए उपयुक्त जगह होगी, जो सरकारी भवन और पीले बँगले को जोड़नेवाला रास्ता है। सभी को अपना-अपना काम अच्छी तरह याद रहेगा।''

''जैसा कि हम सब जानते हैं, आज हीरक जयंती के अवसर पर सभी अंग्रेज अधिकारी सरकारी भवन में इकट्ठा होनेवाले हैं। हमारा शिकार भी वहीं आएगा। हमारी जानकारी के अनुसार वह अपनी मोटरगाड़ी में यहाँ से निकलेगा और आगे अपने पीले बँगले तक जाएगा।''

''हाँ!'' साठे ने कहा, ''मुझे दिन छिपने पर हथियार ले जाकर गणेशखिंड रोड पर उस चिह्नित स्थान पर रखने हैं, जहाँ मोड़ होने के कारण हमारे शिकार को अपनी मोटर गाड़ी की रफ्तार धीमी करनी होगी।''

''यह काम तुम्हें इसलिए सौंपा गया है, क्योंकि तुम अभी स्कूली

बच्चे हो और तुम पर किसी का जल्दी से शक नहीं होगा। हथियार का अपने स्थान पर सुरक्षित पहुँच जाना हमारी आधी सफलता है। वैसे तो आज गोरे सैनिक इस जश्न में ही व्यस्त होंगे, पर उन्हें हम लापरवाह नहीं समझ सकते, इसलिए तुम इस काम को बहुत सावधानी से करोगे।''

''बेफिक्र रहें भाऊ!'' किशोर साठे ने दृढ़ स्वर में कहा, ''मैं अपना काम पूरी सावधानी से करूँगा। हथियार अपनी जगह सुरक्षित पहुँच जाएँगे।''

''मुझे साठे के सुरक्षित निकल जाने के बाद वहाँ पहुँचकर खुद को पेड़ों के झुरमुट में छुपा लेना है और सही समय की प्रतीक्षा करनी है।'' बालकृष्ण ने कहा।

''बेफिक्र रहें भाऊ!'' किशोर साठे ने दृढ़ स्वर में कहा, ''मैं अपना काम पूरी सावधानी से करूँगा। हथियार अपनी जगह सुरक्षित पहुँच जाएँगे।'' ''मुझे साठे के सुरक्षित निकल जाने के बाद वहाँ पहुँचकर खुद को पेड़ों के झुरमुट में छुपा लेना है और सही समय की प्रतीक्षा करनी है।'' बालकृष्ण ने कहा।

''हमारी पूरी योजना तुम पर निर्भर है भाऊ! क्योंकि सबसे मुख्य काम तो तुम्हें की करना है।'' दामोदर ने गंभीरता से कहा, ''तुम्हें वहाँ पहुँचकर सबसे पहले तो हथियार की तसल्ली करनी है कि वह तुम्हारी पहुँच में है। यद्यपि साठे से चूक होने की संभावना नहीं है, पर काम ऐसा है कि होश-हवास काबू में रखना कठिन हो जाता है, इसलिए हर बात पर ध्यान रखना है।''

''मैं समझता हूँ कि हमें उस हथियार के अतिरिक्त बालकृष्ण को कोई और हथियार दे देना चाहिए।'' रानाडे ने गंभीरता से कहा, ''यद्यपि हमने पिस्तौल की जाँच कर ली है, पर कई बार समय पर ऐसी गड़बड़ हो जाती है कि घोड़ा जाम हो जाता है, निशाना चूक जाता है या कोई

ऐसी बात हो जाती है कि सारी योजना उसके कारण असफल हो जाती है। ऐसे में दूसरा हथियार हो तो साहस भी रहता है और विकल्प भी।''

''ठीक कहते हो। इसके लिए मेरे पास एक कटार भी होनी चाहिए।'' बालकृष्ण ने कहा, ''और सौभाग्य से वह मेरे पास है भी।''

''बहुत अच्छा!'' दामोदर ने कहा, ''रानाडे! तुम्हें काम को जाने के बाद वहाँ से भाऊ को सुरक्षित निकालना है, और उसके लिए तुम क्या करोगे, यह तुम जानते ही हो।''

''ठीक कहते हो। इसके लिए मेरे पास एक कटार भी होनी चाहिए।'' बालकृष्ण ने कहा, ''और सौभाग्य से वह मेरे पास है भी।''
''बहुत अच्छा!'' दामोदर ने कहा, ''रानाडे! तुम्हें काम को जाने के बाद वहाँ से भाऊ को सुरक्षित निकालना है, और उसके लिए तुम क्या करोगे, यह तुम जानते ही हो।''

''हाँ।'' रानाडे ने कहा, ''जैसे की रैंड की मोटरकार आएगी, तुम्हारा सिग्नल हमें मिल जाएगा। बालकृष्ण सतर्क हो जाएगा और अपना हथियार काबू में करके मोटरकार के मोड़ पर धीमी होने पर उसमें कूद जाएगा और अपना लक्ष्य बेध देगा। तत्काल यह वहाँ से भागेगा और मैं इसका पीछा करनेवाले को ढेर करने के लिए ऐसी जगह छुपा रहूँगा, जहाँ से इसे दूर तक सुरक्षित निकाला जा सके। यदि किसी ने इसका पीछा किया तो ही मुझे बाहर आना है, अन्यथा खामोशी से लौट आना है।''

''हाँ!'' दामोदर ने कहा, ''तुम जिस जगह छुपोगे, वह तुम देख ही चुके हो। पेड़ों की लंबी कतार के बीच में बालकृष्ण भी वहाँ से सुरक्षित आ जाएगा, ऐसी मेरी उम्मीद है, क्योंकि यह क्षण भर में हो जानेवाला काम है, जिसकी कोई प्रतिक्रिया तत्काल होना कठिन ही है,

फिर भी ऐसा हो सकता है कि कोई बालकृष्ण का पीछा करे तो तुम्हें उसे भी वहीं ढेर कर देना है। इससे तुम दोनों के पास काफी समय होगा वहाँ से सुरक्षित निकलने के लिए।''

''भाऊ! सबसे कठिन काम तो मुझे तुम्हारा लगता है।'' रानाडे ने कहा, ''तुम सरकारी भवन के द्वार पर जाकर खड़े होगे, जहाँ कि पुलिस का भी पहरा होगा।''

''मैं अपना काम खुद कर लूँगा। मेरी चिंता मत करो।'' दामोदर ने कहा, ''वहाँ मेरे छुपने की बहुत सी जगहें हैं। मैं वहाँ से गेट पर नजर रखूँगा और जैसे ही रैंड की मोटरकार वहाँ से निकलेगी, मैं उससे पहले दौड़कर तुम्हें कूटभाषा में सूचित कर दूँगा और वहाँ से बगीचे की ओर जाकर सुरक्षित हो जाऊँगा।''

''मैं अपना काम खुद कर लूँगा। मेरी चिंता मत करो।'' दामोदर ने कहा, ''वहाँ मेरे छुपने की बहुत सी जगहें हैं। मैं वहाँ से गेट पर नजर रखूँगा और जैसे ही रैंड की मोटरकार वहाँ से निकलेगी, मैं उससे पहले दौड़कर तुम्हें कूटभाषा में सूचित कर दूँगा और वहाँ से बगीचे की ओर जाकर सुरक्षित हो जाऊँगा।''

''भाऊ! मोटरकार के साथ, आगे या पीछे दौड़ोगे तो हमारा शिकार शंकित भी हो सकता है।'' बालकृष्ण ने कहा।

''मैं इसका खयाल रखूँगा कि ऐसा न हो। तुम अपने लक्ष्य पर ध्यान केंद्रित करो। यहाँ तुम्हारे धैर्य की बड़ी परीक्षा होगी। अधीरता से काम बिगड़ने की पूरी संभावना रहती है। तुम्हें वहाँ दिन छिप जाने पर, अँधेरा होने पर पहुँचना है और कब तक अपने शिकार की प्रतीक्षा करनी है, कुछ नहीं कहा जा सकता। यह साहबों का उत्सव है और कब तक चलेगा, कुछ कह नहीं सकते, इसलिए समय को निश्चित नहीं किया जा सकता और प्रतीक्षा लंबी हो सकती है।''

''मैं जानता हूँ।'' बालकृष्ण ने कहा, ''पर मैं मौत की तरह धैर्य बनाकर उस दुष्ट के प्राण हरने के लिए तैयार रहूँगा। यदि दुर्भाग्य हमारा और सौभाग्य उसका ही हुआ तो कह नहीं सकता, वरना मैं अर्जुन की तरह चिड़िया की आँख पर लक्ष्य साधकर बैठा रहूँगा। जिस प्रकार चीता अपने शिकार पर बिना हिले-डुले धैर्य के साथ झपटता है, वैसे ही मैं उस पर झपटूँगा।''

''मैं जानता हूँ।'' बालकृष्ण ने कहा, ''पर मैं मौत की तरह धैर्य बनाकर उस दुष्ट के प्राण हरने के लिए तैयार रहूँगा। यदि दुर्भाग्य हमारा और सौभाग्य उसका ही हुआ तो कह नहीं सकता, वरना मैं अर्जुन की तरह चिड़िया की आँख पर लक्ष्य साधकर बैठा रहूँगा। जिस प्रकार चीता अपने शिकार पर बिना हिले-डुले धैर्य के साथ झपटता है, वैसे ही मैं उस पर झपटूँगा।''

''भाऊ! यदि तुम भवन के द्वार पर न रहकर अलग ही रहो तो क्या हानि है?'' रानाडे ने दामोदर से पूछा, ''हालाँकि तुम भी सुरक्षित निकल जाओगे, पर खतरा मोल लेने की जरूरत ही क्या है! भवन से रैंड की गाड़ी निकलेगी और पीले बँगले की ओर मुड़ेगी तो निश्चय ही वह रैंड होगा।''

''रानाडे! किसी भी काम को, ऐसे काम को, जो या तो होगा या नहीं होगा, यह सोचकर पूरी तरह संतुष्ट होकर करने में ही सफलता मिलती है। संभावनाओं का आश्रय लेना एक प्रकार से विफलता को दावत देना है। हमने यह तो जान लिया कि गणेशखिंड रोड पर आगे रैंड का बँगला है और वहाँ से वही गुजरेगा, पर उत्सव के दिन कोई और भी गुजर रहा हो तो हमें क्या खबर! इसके लिए हमें निश्चित होना होगा कि हमने भेड़िये के चक्कर में किसी सियार को तो नहीं टपका दिया। यह काम वहाँ गेट पर रहकर ही किया जा सकता है।''

"ठीक है। अब इससे आगे की योजना पर विचार किया जाए।"

"हाँ। हम सबको अपना कार्य सफल होने पर पूना शहर से निकल जाना है और ऐसा कोई सुबूत पीछे नहीं छोड़ना, जिससे पुलिस हम तक पहुँच सके। बालकृष्ण! यह क्षणिक अवसर होगा। कुल पाँच मिनट का मेला होगा, जिसमें तुम्हें सफल होकर आना है। असफलता का अर्थ हमारी कमजोरी सिद्ध करेगा और रैंड को सतर्क करना होगा। अंग्रेज बड़े धूर्त और चालाक हैं। दूसरा अवसर नहीं देते। अत: अपने लक्ष्य को दृढ़ता से बेधना है।"

हम सबको अपना कार्य सफल होने पर पूना शहर से निकल जाना है और ऐसा कोई सुबूत पीछे नहीं छोड़ना, जिससे पुलिस हम तक पहुँच सके। बालकृष्ण! यह क्षणिक अवसर होगा। कुल पाँच मिनट का मेला होगा, जिसमें तुम्हें सफल होकर आना है। असफलता का अर्थ हमारी कमजोरी सिद्ध करेगा और रैंड को सतर्क करना होगा।

"भाऊ! मैंने जख्मी नागिन की तरह उस दुष्ट की तसवीर अपनी आँखों में उतार ली है और मेरा उद्‌देश्य उसके प्राण हरण करना है। उस दुष्ट ने पिछले छह महीने में हमारे देशवासियों, खासकर महाराष्ट्र को जो कष्ट दिए हैं, उन्हें सोच-सोचकर मेरे अंदर एक अज्ञात शक्ति उसके वध के लिए मुझे प्रेरित कर रही है।" बालकृष्ण चापेकर संकल्प के साथ बोले, "अत: आज यह हीरक जयंती उस रैंड के मरणदिवस में बदलेगी, यह मेरी प्रतिज्ञा है।"

"और देशहित में किए इस महान् कार्य का पुरस्कार अपने प्राणों की बलि भी हो सकता है। अत: इस ओर किंचित् मात्र न सोचना। मातृभूमि के लिए प्राणों की आहुति दे देना ही हमारा ध्येय है। जीवित बचे तो और भी गोरे अत्याचारियों का काल बनेंगे और यदि मारे गए तो अपने पीछे एक प्रेरणा छोड़ जाएँगे।"

"मराठा वीर छत्रपति शिवाजी की जय!"

सभी ने समवेत स्वर में जयकारा लगाया—"जय!"

इस जय की पवित्रतम अनुगूँज वहाँ उपस्थित सभी क्रांतिवीरों के तन और मन को भगवान् श्रीकृष्ण के शंख पाञ्चजन्य के 'नाद' की भाँति प्रेरित करती प्रतीत हो रही थी।

❑

कमिश्नर के बजाय लेफ्टीनेंट का कत्ल

आज अंग्रेजों का यह महोत्सव पाश्चात्य संस्कृति और अंग्रेजी विलासिता का ऐसा प्रदर्शन था, जिस पर पैसा पानी की तरह बहाया गया। यह सारा खर्च भारत के लोगों का शोषण करके ही किया गया था। एक तरफ लाखों भारतीय भुखमरी के कगार पर थे तो दूसरी ओर अंग्रेज अधिकारी मुर्ग-मुसल्लम उड़ा रहे थे। विलायत की शराब से परिचित कुछ अंग्रेजभक्त भारतीय, जो रायबहादुर आदि की उपाधि से विभूषित थे, उस उत्सव में अंग्रेज अधिकारियों के सामने बिछे-बिछे जा रहे थे और अपनी चापलूसी से उनको प्रसन्न करने के चाटुकारितापूर्ण सभी कौतुक कर रहे थे। भारतमाता अपने ऐसे कुपुत्रों को देखकर अवश्य ही आँसू बहा रही होगी और उस दिन को कोस रही होगी, जब ऐसे स्वार्थी लोग पैदा होकर उसके पवित्र दामन पर दाग लगाने में भी लज्जा महसूस नहीं कर रहे थे। ऐसे ही एक अंग्रेजभक्त भारतीय तालुकेदार उस पार्टी में भी अपनी अंग्रेज-निष्ठा का प्रदर्शन करने से पीछे नहीं रहे थे।

"हुजूर!" तालुकेदार नशे में झूमते एक अंग्रेज अधिकारी के पैरों पर गिरे जा रहे थे, "आपके शासन में हम जैसे लोगों ने तो स्वर्ग देख लिया वरना यहाँ तो चारों ओर गरीबों से घिरे रहकर बड़ी दुर्गंध सहनी पड़ती थी।"

"तुम्हारे गरीब कभी नहाटे भी नहीं हैं। हा-हा-हा। हमारे डॉग भी उनसे अच्छे रहटे हैं।" अंग्रेज साहब ने कहा।

"सरकार! इन जंगली लोगों को तो आपके गधे भी पीछे छोड़ देंगे। हुजूर! मजा तो तब आए, जब इन सबको यहाँ से दूर अफ्रीका के जंगलों में छोड़ दिया जाए।"

ऐसे ही चाटुकारों ने इस देश की दुर्दशा कर दी थी और अंग्रेजों को लगभग भगवान् ही बना दिया था। देश का यह दुर्भाग्य अंग्रेजों की साम्राज्यवादी नीति से ही नहीं आया था, बल्कि इसमें ऐसे चाटुकारों और विलासियों का भी पूरा योगदान था, जो राष्ट्रीयता की भावना से कोरे थे और अपने स्वार्थ की वेदी पर अपने जमीर को स्वाहा कर देने में नहीं हिचकिचाते थे।

"ऐसा ही होगा। एक दिन यहाँ सब हमारी कृपा पर रहेंगे।"

ऐसे ही चाटुकारों ने इस देश की दुर्दशा कर दी थी और अंग्रेजों को लगभग भगवान् ही बना दिया था। देश का यह दुर्भाग्य अंग्रेजों की साम्राज्यवादी नीति से ही नहीं आया था, बल्कि इसमें ऐसे चाटुकारों और विलासियों का भी पूरा योगदान था, जो राष्ट्रीयता की भावना से कोरे थे और अपने स्वार्थ की वेदी पर अपने जमीर को स्वाहा कर देने में नहीं हिचकिचाते थे।

कमिश्नर रैंड इस उत्सव का नायक बना हुआ था। उसने पिछले छह महीनों में जिस निर्दयता का प्रदर्शन किया था, वह उसको अंग्रेज समाज में विशिष्ट स्थान दे रही थी। यह अंग्रेजी मानसिकता थी कि जो अधिकार भारत या ऐसे ही गुलाम देश में जितनी निर्ममता दिखाता, वह सच्चा अंग्रेज था। इस प्रकार के निर्मम अधिकारी 'डलहौजी के अनुयायी' कहे जाते थे। विडंबना यह रही कि भारत ने इन डलहौजियों

की कोई कमी नहीं रही और अत्याचारों के पोषक रहे इन लोगों ने देश को नरक बनाने में कोई कसर नहीं छोड़ी। कमिश्नर रैंड को शाबासी मिल रही थी। हर कोई कह रहा था कि कमिश्नर साहब ने बड़े कौशल से प्लेग उन्मूलन किया था और सरकार विरोधी तत्त्वों का दमन कर दिया था। रैंड फूला न समाता था और उसकी निर्ममता अंदर-ही-अंदर प्रबल हो रही थी। अब उत्सव अपने समापन की ओर था।

कमिश्नर रैंड भी महसूस कर रहा था कि उसे कुछ कम नशा हुआ है, परंतु अपने पद की गरिमा बनाए रखने के लिए महफिल में और पीना उसे उचित नहीं लग रहा था। वह चाहता था कि पार्टी से जाकर वह अपने बँगले पर शेष कसर पूरी करे। उसने यही सोचकर अपने वहाँ जाने का ऐलान भी कर दिया, परंतु उसके मन में एक और बात थी। बँगले पर जाकर अकेले पीना भी उसे अच्छा नहीं लगता था तो इसके लिए उसे कंपनी देने के लिए उसका मातहत और मित्र लेफ्टिनेंट चार्ल्स एजर्टन आयरेस्ट ही उपयुक्त था, जिसे उसने आँखों से ही अपना मंतव्य समझा दिया था।

कमिश्नर रैंड भी महसूस कर रहा था कि उसे कुछ कम नशा हुआ है, परंतु अपने पद की गरिमा बनाए रखने के लिए महफिल में और पीना उसे उचित नहीं लग रहा था। वह चाहता था कि पार्टी से जाकर वह अपने बँगले पर शेष कसर पूरी करे। उसने यही सोचकर अपने वहाँ जाने का ऐलान भी कर दिया, परंतु उसके मन में एक और बात थी।

लेफ्टिनेंट आयरेस्ट अपने हमप्याला रैंड की आदत से परिचित था और अकसर दोनों पद का भाव भूलकर अंग्रेज हो जाते थे। वैसे भी अंग्रेजों में यह विशेषता देखी गई थी कि मामूली सिपाही और बड़ा अधिकारी ऐश-मौज के समय बराबर के बन जाते थे, आयरेस्ट

तो फिर भी लेफ्टिनेंट था। उसने इशारा समझा और अपनी गाड़ी में आ बैठा। उसने थोड़ी प्रतीक्षा की, फिर अपनी गाड़ी आगे बढ़ा दी। कमिश्नर भी अब आ ही जाएगा!

आयरेस्ट की मोटरकार सरकारी भवन के मुख्यद्वार से निकली, तब कहीं जाकर कमिश्नर अपनी गाड़ी में बैठा था। आयरेस्ट ने देख लिया था और आगे बढ़ गया था। उसे अपनी गाड़ी से पचास मीटर दूर तक भागता आदमी दिखाई दिया तो उसने अपनी गाड़ी की गति बढ़ाने का आदेश दिया। ड्राइवर ने आदेश का पालन किया और गाड़ी गणेशखिंड रोड पर दौड़ा दी।

''गोविंद आला रे!''

आयरेस्ट ने यह स्वर सुना, परंतु भागता आदमी बगीचे में चला गया था। उसकी गाड़ी मोड़ पर आकर धीमी होकर मुड़ी तो जैसे कोई बंदर उलककर उसकी गाड़ी में कूदा। वह मुड़ा तो एक 'धाँय' की आवाज के साथ ही गरम लोहा आयरेस्ट की गरदन में घुस गया।

ड्राइवर भय से जड़ हो गया था।

हमलावर ने क्षण भर का विलंब किए बिना गाड़ी से छलाँग लगाई और पेड़ों के बीच कहीं गुम हो गया।

ड्राइवर ने भयाक्रांत होकर अपने साहब को देखा, परंतु उसका साहस न हुआ कि चीख भी सके। उसे भय था कि कहीं हमलावर उसे भी ढेर न कर दे।

❑

रैंड का अंत

दामोदर चापेकर को पेड़ों के झुरमुट में जाते ही मोड़ पर एहसास हो गया था कि उस मोटरकार में कम-से-कम कमिश्नर रैंड तो नहीं था। वह थमकर एक पेड़ के पीछे रुका और उधर नजर गड़ाई, जिधर से एक और गाड़ी के आने की आवाज आई थी। दामोदर जान गया कि गलत पहचान के कारण रैंड बच गया था। संयोग से वह उस गाड़ी में नहीं था और उसकी जगह कोई और बालकृष्ण का निशाना बन गया है। फायर की आवाज होने से वह यह भी जान गया कि बालकृष्ण ने अपना काम कर दिया है।

दामोदर ऐसी किसी अनचाही स्थिति के लिए ही इतना खतरा उठाकर वहाँ मौजूद था। उसने अपनी पिस्तौल निकाली और दौड़कर मोड़ के समीप आ गया। आनेवाली मोटरकार की हैडलाइट्स से बचकर वह एक पेड़ के पीछे छुपा खड़ा था। मोटरकार रोड पर आकर धीमी हुई तो दामोदर ने बिजली की सी फुरती से छलाँग लगाकर कार में बैठे रैंड पर गोली चला दी।

'धाँय' की आवाज हुई। गाड़ी चिंघाड़कर रुकी थी, क्योंकि आगे खड़ी गाड़ी से टकराते-टकराते बची थी। दामोदर ने लगातार तीन फायर किए। रैंड को किसी भी दशा में जीवित नहीं छोड़ना था, जो लगभग उकड़ूँ होकर गाड़ी में गिरा पड़ा था। अब समय नहीं था।

दामोदर तत्काल गाड़ी से कूदा और सुरक्षित रास्ते पर दौड़ लिया। वह जानता था कि कुछ ही देर में वह क्षेत्र पुलिस छावनी बन जाएगा और वहाँ का चप्पा-चप्पा छान मारा जाएगा। वह प्राणपण से भागा जा रहा था, क्योंकि योजना पूर्वनिर्धारित थी और आने-जाने के सभी रास्ते पहले ही निर्धारित किए जा चुके थे। अतः दामोदर को फिलहाल पकड़े जाने की तो कोई शंका नहीं थी। उन लोगों ने यह सावधानी अवश्य बरती थी कि सड़क मार्ग से दूर रहकर कच्चे रास्तों से शहर से बाहर पहाड़ियों में गुम जो जाना था और वहाँ से अपने-अपने घर चले जाना था।

आधा घंटे बाद दामोदर उस स्थान पर सुरक्षित पहुँच चुका था, जहाँ रानाडे, साठे और बालकृष्ण पहले ही पहुँच गए थे। साठे तो उस स्थान पर पहले ही आ गया था, क्योंकि योजना के अनुसार उसने अपना काम ठीक प्रकार से किया था और उसे वहीं आना था। बालकृष्ण और रानाडे लगभग साथ-साथ ही वहाँ पहुँचे थे। दामोदर के आते ही सबने संतुष्टि की साँस ली।

आधा घंटे बाद दामोदर उस स्थान पर सुरक्षित पहुँच चुका था, जहाँ रानाडे, साठे और बालकृष्ण पहले ही पहुँच गए थे। साठे तो उस स्थान पर पहले ही आ गया था, क्योंकि योजना के अनुसार उसने अपना काम ठीक प्रकार से किया था और उसे वहीं आना था। बालकृष्ण और रानाडे लगभग साथ-साथ ही वहाँ पहुँचे थे। दामोदर के आते ही सबने संतुष्टि की साँस ली।

"भाऊ! हमें तुम्हारी चिंता हो रही थी।" रानाडे ने दामोदर के गले लगते हुए कहा, "सबसे पीछे तुम ही रह गए थे।"

"तभी सफलता मिली है भाऊ, वरना हमारी योजना असफल ही हो गई थी।"

''असफल!'' बालकृष्ण ने चौंककर कहा, ''क्या कमिश्नर जिंदा बचा रह गया? मैंने तो कमीने को सटाकर गोली मारी थी।''

''वह कमिश्नर नहीं था भाऊ! वह कोई और था, जो कमिश्नर से पहले उस रास्ते से गुजरा और हमारा निशाना बना।'' दामोदर ने बताया।

तीनों जने सन्न रह गए और हताशा से भर उठे।

''मैंने सरकारी भवन से मोटरकार निकलती देखी थी, पर यह नहीं सोचा था कि वह रैंड नहीं, कोई और होगा। यह तो मुझे तब एहसास हुआ, जब मोटरकार मेरे समीप से गुजरी, पर तब तक देर हो चुकी थी और तुम अपने शिकार पर झपट भी पड़े थे।'' दामोदर ने बताया, ''तभी कमिश्नर रैंड की मोटरकार भी सड़क पर आ गई थी, तब मैंने सोच लिया कि अधूरे काम को मैं पूरा करूँगा। अभी उस फायर की आवाज को किसी ने ऐसा ही धमाका समझा होगा, क्योंकि प्रतिक्रिया में उधर कोई हलचल नहीं हुई थी। होती भी कहाँ, शाम से ही सरकारी भवन के आसपास पटाखे फोड़े जा रहे थे। मैंने इसी का लाभ उठाया और कमिश्नर को दबोचकर उसे गोली मार दी।''

दामोदर ने बताया, ''तभी कमिश्नर रैंड की मोटरकार भी सड़क पर आ गई थी, तब मैंने सोच लिया कि अधूरे काम को मैं पूरा करूँगा। अभी उस फायर की आवाज को किसी ने ऐसा ही धमाका समझा होगा, क्योंकि प्रतिक्रिया में उधर कोई हलचल नहीं हुई थी। होती भी कहाँ, शाम से ही सरकारी भवन के आसपास पटाखे फोड़े जा रहे थे। मैंने इसी का लाभ उठाया और कमिश्नर को दबोचकर उसे गोली मार दी।''

''भाऊ!'' रानाडे ने आश्चर्य से कहा, ''बड़ी हिम्मत दिखाई।

हिम्मत क्या दिखाई, यह तो अब स्पष्ट हुआ है कि तुमने सोच-समझकर खुद को सबसे कठिन मोरचे पर रखा था, ताकि ऐसी स्थिति आने पर मामला सँभाल सको। हो सकता है कि तुम्हें ऐसा होने की आशंका पहले से ही रही हो।''

''ऐसा हो सकता था, इसकी आशंका मुझे इसलिए थी कि इतने बड़े समारोह में कमिश्नर का कोई मित्र उसके साथ हो सकता है और यही हुआ भी, मेरे पास पिस्तौल तो थी ही, केवल खतरा ही उठाना था। वैसे भी हम जिस काम का संकल्प लेकर निकले थे, उसे अधूरा छोड़कर आना मुझे मंजूर न था।''

''भाऊ! आपने वास्तव में बुद्धिमानी और दुस्साहस का प्रदर्शन किया है। जिस जगह क्षण भर भी रुकना खतरे से खाली नहीं था, वहाँ आपने एक और वध किया। अब यह कैसे पता चले कि मेरे हाथों कौन मरा?''

''मरा तो दुश्मन ही होगा। सुबह होने दो, सारा हिंदुस्तान जान जाएगा कि निर्दयी अंग्रेजों में से दो को नर्क में भेज दिया गया है। साठे! अब चारों ओर हमारी तलाश शुरू हो गई होगी। जिस प्रकार सोचा था, वैसे ही अपने घर पहुँच जाना है और भूल से भी ऐसा कुछ नहीं करना, जिससे पुलिस हम तक पहुँचे।''

''चिंता मत करो भाऊ! अब तो अंग्रेजों का डर देखने का मौका मिला है।''

'चापेकर क्लब' के उन चार जाँबाजों ने साहस, बुद्धि और देशप्रेम का जो परिचय दिया था, वह अंग्रेज सरकार को हिलाकर रख देनेवाला था।

❑

लोकमान्य तिलक की गिरफ्तारी

कमिश्नर रैंड और लेफ्टिनेंट आयरेस्ट की हत्या का समाचार सरकारी भवन में लगभग बीस मिनट बाद पहुँचा था और भी तब, जब दोनों ड्राइवरों ने साहस करके वहाँ आकर शोर मचाया। क्षण भर में सन्नाटा पसर गया और फिर जो आपाधापी मची, वह देखने लायक थी। गणेशघाटी में भय की लहर दौड़ गई। शीर्ष अंग्रेज अधिकारी सैनिकों के साथ घटनास्थल पर पहुँचे तो देश कि रैंड की अभी साँसें चल रही थीं, जबकि आयरेस्ट ने तत्काल दम तोड़ दिया था। रैंड को फौरन अस्पताल ले जाया गया और पुलिस को चप्पा-चप्पा छान मारने का आदेश दिया गया। अंग्रेज अधिकारियों ने स्पष्ट कर दिया था कि पूना की सड़कों पर इस समय जो भी भारतीय मिले, उसे बंदी बना लिया जाए। सरकारी स्तर पर यह खबर बंबई तक पहुँच गई थी और वहाँ वाइसराय कार्यालय कलकत्ता और फिर लंदन भी पहुँच गई। अंग्रेज समाज हिलकर रह गया। इस हत्याकांड को प्रथम राजनीतिक हत्याकांड के नाम से जाना गया और ब्रिटेन से आदेश आए कि इसके दोषियों को किसी भी कीमत पर छोड़ा न जाए।

सवेरा होने पर तो जैसे पूना शहर ही ठहर गया। जिसने भी सुना, वही स्तब्ध रह गया। अंग्रेजों और अंग्रेजभक्तों में तो भय सा भर गया। इस प्रकार की घटना से उन लोगों का दिल जल्द ही दहल जाता था, पर प्लेग उन्मूलन में रैंड के अत्याचारों से पीड़ित लोगों ने मन-ही-मन

उस राक्षस के वध पर खुशी मनाई और उसके हत्यारों की लंबी उम्र की कामना की। यद्यपि अभी तक रैंड अस्पताल में जिंदगी और मौत से जूझ रहा था, पर जनसाधारण में यही लहर दौड़ गई थी कि वह मारा गया। सारे देश में यह समाचार केसरी के माध्यम से पहुँचा तो पता चला कि रैंड अभी साँसें ले रहा है। अब लोग भगवान् से यह दुआ करने लगे कि उस शैतान की साँसें बंद हो जाएँ।

राजनीतिक स्तर पर यह हत्या जैसे भूचाल ले आई। उदारवादी नेताओं ने कड़े स्वर में इसकी निंदा की। 'केसरी' ने भी तिलक के विचार प्रकाशित किए, जिसमें उन्होंने भी इस हत्याकांड की निंदा की और क्रांतिकारियों को हिंसा का मार्ग न अपनाने की अपील की। अंग्रेजी प्रशासन ने हत्यारों की खोज में दिन-रात एक कर दिए थे।

राजनीतिक स्तर पर यह हत्या जैसे भूचाल ले आई। उदारवादी नेताओं ने कड़े स्वर में इसकी निंदा की। 'केसरी' ने भी तिलक के विचार प्रकाशित किए, जिसमें उन्होंने भी इस हत्याकांड की निंदा की और क्रांतिकारियों को हिंसा का मार्ग न अपनाने की अपील की। अंग्रेजी प्रशासन ने हत्यारों की खोज में दिन-रात एक कर दिए थे। हत्यारों का कोई सुराग नहीं मिल पा रहा था। गुप्तचरों ने अपना पूरा कौशल दिखाया, पुलिस ने मनमाना अत्याचार किया और अनेक लोगों को संदेह के आधार पर गिरफ्तार भी कर लिया, पर रैंड और आयरेस्ट को मारनेवालों के बारे में कोई सुराग न मिल सका। जी हाँ, रैंड भी क्रांतिदूत की दी हुई मौत के जबड़े से अपनी जिंदगी न छीन सका।

साधन संपन्न और सामर्थ्यवान कमिश्नर रैंड को 3 जुलाई, 1897 को भारतमाता के कोप के कारण अपने प्राण छोड़ने ही पड़े। पीड़ितों और शोषितों की कामना फलीभूत हुई।

इसी बीच सरकार समर्थित समाचार-पत्र सक्रिय हो उठे। उन्होंने इस हत्या के मूल में चित्तपावन ब्राह्मणों के हाथ होने की संभावना जताई। यह सीधा-सीधा आरोप बाल गंगाधर तिलक पर था, जो ब्राह्मणों का नेतृत्व करते थे। तिलक ने इस आरोप का प्रबलता से खंडन किया और कहा कि ब्राह्मण धर्म में हत्या करना अक्षम्य अपराध है और सरकार असली दोषियों को न पकड़ पाने की नाकामी से झुँझलाकर निर्दोष ब्राह्मणों पर आरोप लगा रही है, साथ ही निर्दोष जनता को पीड़ित कर रही है।

पूना (अब पुणे) के कलेक्टर लैब पर बहुत अधिक दबाव था। हत्या हुए कई दिन बीत गए थे और हत्यारों का कोई सुराग नहीं मिल पा रहा था। कलेक्टर ने पुलिस को सख्त आदेश दिए और पूना के जाने-माने नागरिकों की एक सभा बुलाकर स्पष्ट किया कि सरकार किसी भी कीमत पर हत्यारों को नहीं छोड़ेगी, उसके लिए चाहे कितना भी अत्याचार क्यों न करना पड़े। उसने यह भी कहा कि इस हत्या के पीछे 'शिवाजी उत्सव' में दिए गए उस व्याख्यान की प्रेरणा है, जिसमें शिवाजी द्वारा अफजल खाँ के वध को न्यायसंगत ठहराया गया था।

पूना (अब पुणे) के कलेक्टर लैब पर बहुत अधिक दबाव था। हत्या हुए कई दिन बीत गए थे और हत्यारों का कोई सुराग नहीं मिल पा रहा था। कलेक्टर ने पुलिस को सख्त आदेश दिए और पूना के जाने-माने नागरिकों की एक सभा बुलाकर स्पष्ट किया कि सरकार किसी भी कीमत पर हत्यारों को नहीं छोड़ेगी, उसके लिए चाहे कितना भी अत्याचार क्यों न करना पड़े।

तिलक इस आरोप पर भड़क उठे और सरकार को दिमागी संतुलन खो लेनेवाली, प्रलाप करनेवाली सरकार बताते हुए उसकी कार्यशैली

और मानसिकता पर तीव्र आलोचना की। साथ ही उन्होंने यह भी कहा कि सरकार को इन हत्याओं के कारणों पर विचार करना चाहिए कि क्यों शांतिप्रिय नागरिक इतने उद्विग्न हो उठे कि उन्हें हत्या जैसा जघन्य अपराध करना पड़ा। उन्होंने यह भी कहा कि सरकार को अपनी दनमकारी व्यवस्था में सुधार करना चाहिए।

तिलक और सरकार का तो सदैव से छत्तीस का आँकड़ा रहा था। तिलक को तो अंग्रेज लेखक वेलेंटाइन शिरोल ने 'भारतीय असंतोष का जनक' घोषित कर दिया था। सरकार को उनके विप्लवी लेखों से विद्रोह की बू बराबर आती थी और उन पर शिकंजा कसने के बहुत से प्रयास भी किए जाते थे। इस हत्याकांड में सरकार को तिलक की अप्रत्यक्ष भूमिका पर संदेह था और ये लोग चाहते थे कि इसमें तिलक को लपेट लिया जाए।

तिलक और सरकार का तो सदैव से छत्तीस का आँकड़ा रहा था। तिलक को तो अंग्रेज लेखक वेलेंटाइन शिरोल ने 'भारतीय असंतोष का जनक' घोषित कर दिया था। सरकार को उनके विप्लवी लेखों से विद्रोह की बू बराबर आती थी और उन पर शिकंजा कसने के बहुत से प्रयास भी किए जाते थे।

अंग्रेज सरकार ने इस हत्याकांड की जाँच करने के लिए एक प्रशिक्षित अधिकारी ब्रुक को नियुक्त किया। उसे यह स्पष्ट निर्देश दिया कि इसमें तिलक की भूमिका की जाँच की जाए और हो सके तो उनके खिलाफ ऐसे प्रमाण भी एकत्र किए जाएँ, जिनसे उन्हें इस हत्याकांड में लपेटा जा सके। सरकार को यह अवसर तिलक जैसे बड़े राजनेता और भारतीयों के आदर्श को बंदी बनाने के लिए भी उचित लग रहा था। दूसरे तिलक हत्या की निंदा तो कर रहे थे, परंतु हत्यारों को अप्रत्यक्ष रूप से सही ठहरा रहे थे। सरकार को इस बात पर भी तिलक पर क्रोध आ रहा था।

एक महीना बीत गया था और सरकार को रैंड हत्याकांड में कोई भी सफलता नहीं मिली थी। इस प्रयास में पुलिस ने बर्बरता का जो नंगा नृत्य किया था, उससे जनसाधारण त्राहि–त्राहि कर उठा था। पुलिस जरा सा संदेह होते ही किसी को भी बंदी बना लेती और उस पर जुल्म ढाती। उन्हें कोई रोकनेवाला नहीं था। तिलक अवश्य ही सरकार की भर्त्सना कर रहे थे और उनके लेखों में इस दमन–चक्र से आक्रामकता आती जा रही थी। अंग्रेज अधिकारी तो उन पर पहले ही भड़के हुए थे। अतः अब अनीति का आश्रय लेने का निर्णय हुआ।

21 जुलाई, 1897 को तिलक पर राजद्रोह का मुकदमा चलाने के निर्णय के साथ ही उन्हें गिरफ्तार कर लिया गया। उन पर आरोप लगाया गया कि उन्होंने शिवाजी उत्सव में जो भाषण दिए थे, उनसे ही प्रेरणा लेकर किसी ने ऐसा कदम उठाया है। अतः यह राजद्रोहात्मक विचारों का संभाषण करने का अपराध है। तिलक ने इस संभावना को पहले ही जान लिया था और उन्होंने पूरी तैयार भी की थी। उन्होंने अपनी जमानत की अर्जी लगाई, जिसे पूर्वग्रह से ग्रस्त सरकार ने अस्वीकार कर दिया। 27 जुलाई को उनके मुकदमे की सुनवाई हुई तो उन्होंने अपनी दलीलों और तर्कों से न्यायाधीश को प्रभावित किया और उसने उनकी जमानत स्वीकार कर ली। जमानत तो मिल गई थी, परंतु तिलक समर्थक जानते थे कि सरकार तिलक को आसानी से नहीं छोड़नेवाली। कई मित्रों ने

21 जुलाई, 1897 को तिलक पर राजद्रोह का मुकदमा चलाने के निर्णय के साथ ही उन्हें गिरफ्तार कर लिया गया। उन पर आरोप लगाया गया कि उन्होंने शिवाजी उत्सव में जो भाषण दिए थे, उनसे ही प्रेरणा लेकर किसी ने ऐसा कदम उठाया है। अतः यह राजद्रोहात्मक विचारों का संभाषण करने का अपराध है।

उन्हें सरकार से क्षमा माँगने का परामर्श दिया, परंतु तिलक ने स्पष्ट कर दिया कि वे ऐसा नहीं करेंगे। सितंबर में उन पर मुकदमा चलाया गया और नौ सदस्यीय जूरी के सामने उनके मुकदमे की पैरवी हुई। इस जूरी में पाँच अंग्रेज, एक यहूदी, एक पारसी व दो महाराष्ट्रीय विद्वान् थे। तिलक ने अपना पक्ष रखते हुए सफाई में स्वयं को निर्दोष बताया, मगर जूरी के छह विदेशी सदस्यों ने उनकी कोई सफाई न मानी और उन्हें 18 माह के साश्रम कारावास का दंड दिया।

लोकमान्य बाल गंगाधर तिलक को अन्यायपूर्ण ढंग से दी गई सजा को सुनकर सारा देश स्तब्ध रह गया। सरकार की यह कैसी अन्यायी व्यवस्था थी, जो एक विद्वान् और असाधारण व्यक्ति को अपने छल-कपट से जेल भेज रही थी। अमरावती में कांग्रेस अधिवेशन में अध्यक्ष सी. शंकरन नायर ने सरकार के इस दुर्व्यवहार की निंदा की। विडंबना यह थी कि उन्हें सरकार ने राजनीतिक बंदी भी नहीं माना था और उनके साथ जेल में साधारण कैदियों का व्यवहार किया जा रहा था। तिलक समर्थक सरकार के इस रवैये से आक्रोशित हो रहे थे और उनकी गिरफ्तारी तथा सजा के खिलाफ प्रिवी कौंसिल में अपील करने का निर्णय भी ले चुके थे। इसी घटनाक्रम से एक और शख्स भी व्यथित हो रहा था और वह दामोदर चापेकर था, जो तिलक का अनन्य भक्त था।

❑

इनाम का लालच

अंग्रेज सरकार द्वारा इस हत्याकांड की सघन जाँच के अभियान में पुलिस ने हर वह पैंतरा आजमा लिया था, जो ऐसे अभियानों में आजमाया जाता है। पुलिस ने जोर-जबरदस्ती, मारपीट, संदेह और खुंदक सभी पैंतरों से रैंड हत्याकांड में हाथ-पैर फेंके, परंतु कहीं से भी कोई सुराग न मिला। जाँच अधिकारी ब्रुक को बड़ी निराशा हो रही थी। उसने अपने जीवन में जटिल-से-जटिल केसों को सुलझा लिया था, परंतु यह पहली बार हो रहा था कि अपराधियों ने अपने पीछे कोई सुराग नहीं छोड़ा था और गुप्तचर भी कुछ नहीं कर पा रहे थे। यहाँ तक कि इस केस में सुराग देनेवाले को 20,000 रुपए इनाम देने की घोषणा भी किसी काम नहीं आ रही थी, जबकि अंग्रेज सरकार का मानना था कि भारतीय परिवेश में यह लालची पैंतरा कभी नाकाम नहीं होना चाहिए। अंग्रेजी जासूस कुत्तों की तरह सूँघते फिर रहे थे, परंतु कहीं से कोई गंध न मिल पा रही थी। तीन माह में भी कोई सफलता न मिलती देखकर अंग्रेज सरकार हताश हो चली थी, तब इनाम की रकम बढ़ाकर एक और कपटपूर्ण प्रयास किया गया। इनाम की यह रकम अब दोगुनी कर दी गई थी, जिसने अपनी लालची शक्ति से इस अँधेरे केस में रोशनी की हल्की सी सेंध लगा दी।

रैंड और आयरेस्ट की हत्या के बाद चापेकर बंधुओं ने कुछ

दिन तो चैन से आसपास ही गुजारे, परंतु जब दबाव पड़ा तो उन्हें पूना छोड़ने में ही अपनी भलाई जान पड़ी। वासुदेव चापेकर को परिवार की जिम्मेदारी देकर दामोदर चापेकर बंबई (अब मुंबई) चले गए। बालकृष्ण चापेकर ने दक्षिण में निजाम रियासत में जाकर शरण ली। रानाडे ने भी महाराष्ट्र से बाहर आकर अपना पीछा छुड़ाया, जबकि साठे ने पूना नहीं छोड़ा। वह किशोर उम्र का छात्र था और उस पर किसी प्रकार का संदेह भी नहीं होनेवाला था। वह कहीं नहीं गया। इस प्रकार चारों देशभक्त अभी तक सुरक्षित थे।

'चापेकर क्लब' की गतिविधियाँ अभी भी चल रही थीं। समाज-सुधार के कार्यों में इस क्लब के सभी सदस्य पहले की भाँति जुटे हुए थे। गणेशचंद्र, द्रविड़, रामचंद्र द्रविड़ और नीलचंद्र द्रविड़। ये तीनों भाई आरंभ में तो देशहित की बड़ी-बड़ी बातें करते थे, परंतु धीरे-धीरे अंग्रेजी दमन के कारण इनके विचारों में बदलाव आने लगे, जो इनके भय से उपजा था। ये लोग केवल सामाजिक सुधार के कार्यों में साथ देते थे।

'चापेकर क्लब' की गतिविधियाँ अभी भी चल रही थीं। समाज-सुधार के कार्यों में इस क्लब के सभी सदस्य पहले की भाँति जुटे हुए थे। गणेशचंद्र, द्रविड़, रामचंद्र द्रविड़ और नीलचंद्र द्रविड़। ये तीनों भाई आरंभ में तो देशहित की बड़ी-बड़ी बातें करते थे, परंतु धीरे-धीरे अंग्रेजी दमन के कारण इनके विचारों में बदलाव आने लगे, जो इनके भय से उपजा था।

जब भी कभी सरकार-विरोधी चर्चा होती थी तो द्रविड़ बंधु मौन रह जाते और कुछ बोलना भी होता तो भयभीत करनेवाली बात ही करते। वासुदेव चापेकर को उनके इस व्यवहार पर सदैव ही शंका होती थी, क्योंकि द्रविड़ बंधु इस हत्याकांड से परिचित थे। वासुदेव

को यह आशंका बराबर सताती थी कि किसी लालच या दबाव में द्रविड़ बंधु मुँह न खोल दे। वासुदेव उन पर नजर रखे हुए था और कई बार इस विषय में गणेश से बात करके उसके मन की थाह भी लेता रहता था। इससे द्रविड़ बंधुओं का मन खिन्न होने लगा था, फिर जब इनाम की रकम ज्यादा हो गई तो एक दिन उनका मन डोल उठा।

"भाऊ!" रामचंद्र द्रविड़ ने उत्तेजना में कहा, "सुना है कि रकम चालीस हजार हो गई है। इतनी बड़ी रकम से किसी की भी तकदीर बदल सकती थी और किसी का भी ईमान डोल सकता है।"

"हमारे क्लब में ऐसा कोई नहीं है, जो ऐसा मित्रघात करे।" गणेश बोला।

"क्या पता चलता है।" नीलचंद्र ने धीरे से कहा, "इनाम किसे बुरा लगता है! पैसे की जरूरत किसे नहीं है। इतने सदस्यों में से कोई भी पुलिस के कान में फूँक मारकर इनाम बटोर लेगा और नाम तो हमारा ही आएगा।"

"भाऊ!" रामचंद्र द्रविड़ ने उत्तेजना में कहा, "सुना है कि रकम चालीस हजार हो गई है। इतनी बड़ी रकम से किसी की भी तकदीर बदल सकती थी और किसी का भी ईमान डोल सकता है।" "हमारे क्लब में ऐसा कोई नहीं है, जो ऐसा मित्रघात करे।" गणेश बोला।

"क्या कह रहा है भाऊ?" गणेश शंकित हो उठा।

"वासुदेव की बात नहीं सुनते! वह अब भी मिलता है, देशभक्ति की बात करके हमें जताता है कि हम लोग देशभक्ति याद रखें, जैसे हम उससे कम देशभक्त हैं। भाऊ! उसे हम पर संदेह रहता है।"

"वह बच्चा है नीलू! उसे अपने भाइयों की भी चिंता है, जिन्होंने इतना बड़ा कांड कर दिया है। वह हमसे ही नहीं, क्लब के

हर सदस्य से यही कहता है कि हम सबको क्लब की गोपनीयता बनाए रखनी है।''

''भाऊ! हम भी आपके भाई हैं। आप हमारी चिंता क्यों नहीं समझ रहे हैं?''

''तुम्हारी क्या चिंता है?''

''यही कि इनाम भले ही कोई और ले जाएगा, पर नाम हमारा ही होगा। हम वह धोबी के कुत्ते हो जाएँगे, जो न घर के रहेंगे, न घाट के। वासुदेव तो कभी नहीं मानेगा कि यह काम हमने नहीं किया।''

''ऐसे कैसे नहीं मानेगा। उसके बड़े भाई तो मानेंगे।''

''जब वे पकड़े जाएँगे और फाँसी पर लटक जाएँगे तो उनके मानने या न मानने से क्या फर्क पड़ता है। सिरफिरा वासुदेव तो और भी पगला जाएगा।''

''छोटे ठीक कहता है भाऊ।'' रामचंद्र ने गंभीरता से कहा, ''हमारी स्थिति उस साँप जैसी होगी, जो गलती से छछूँदर पकड़ लेता है और न उसे निगल पाता है और न उगल पाता है। हालात की गंभीरता समझो।''

''यही कि इनाम भले ही कोई और ले जाएगा, पर नाम हमारा ही होगा। हम वह धोबी के कुत्ते हो जाएँगे, जो न घर के रहेंगे, न घाट के। वासुदेव तो कभी नहीं मानेगा कि यह काम हमने नहीं किया।''
''ऐसे कैसे नहीं मानेगा। उसके बड़े भाई तो मानेंगे।''

गणेश द्रविड़ विचारमग्न हो गया तो उसे अपने भाइयों की दलीलों में दम नजर आने लगा। वाकई ऐसा हो सकता था।

''मैं वासुदेव से बात करूँगा। जरूरत पड़ी तो दामोदर से भी।''

''भाऊ! आप क्या समझते हैं कि दामोदर कभी पकड़ा नहीं जाएगा। इनाम की रकम हमारे ही किसी साथी का ईमान खराब कर

देगी। सोचिए, इतने रुपए हमें मिल जाँएगे तो कैसा रहे। इस झोंपड़ी से निजात मिलेगी।''

''हमें पैसे कैसे मिल सकते हैं?''

''पुलिस के कान में दामोदर का पता बता देने से। शेष काम तो पुलिस खुद ही कर लेगी। भाऊ! अगर किसी तरीके से पुलिस को यह भनक मिल जाए कि हम सबकुछ जानकर भी चुप बैठे रहे तो सोचिए क्या होगा। पुलिस हमारा वह हाल करेगी कि नरक में नहीं होगा। अंग्रेजों से कुछ छुपाकर रखना कितना संगीन अपराध है।''

''तुम लोग मुझे डरा रहे हो।'' गणेश भयभीत होकर बोला, ''क्लब के नियम तोड़ने को उकसा रहे हो?''

''भाऊ! कुछ नियम टूटकर यदि जिंदगी सुधरे तो इसमें बुराई क्या है?''

''इतिहास हमें कभी माफ नहीं करेगा।''

''पुलिस के कान में दामोदर का पता बता देने से। शेष काम तो पुलिस खुद ही कर लेगी। भाऊ! अगर किसी तरीके से पुलिस को यह भनक मिल जाए कि हम सबकुछ जानकर भी चुप बैठे रहे तो सोचिए क्या होगा। पुलिस हमारा वह हाल करेगी कि नरक में नहीं होगा। अंग्रेजों से कुछ छुपाकर रखना कितना संगीन अपराध है।''

''भाऊ! इतिहास बड़े लोगों को समेटता है। तिलक महाराज जैसे दिग्गज नेता ही इतिहास में स्थान पाते हैं। हम जैसों का जिक्र नहीं होता।''

''तो हमें क्या करना चाहिए? भंडाफोड़ कर दें। मेरे मन में तो तभी से यह बात थी, जब इनाम की रकम बीस हजार थी। तुम लोगों की राय जाने बिना मैंने ऐसा कदम उठाना उचित नहीं समझा।''

गणेश कुटिलता से बोला, ''इससे पैसे का लाभ तो होगा ही, सरकार की कृपा भी हम पर बनी रहेगी।''

''यह तो हम कह रहे हैं।'' हमें तो दामोदर का पता नहीं मालूम था, वरना हम तो अब तक खेल कर भी चुके होते, पर धैर्य का फल मीठा होता है। इनाम की रकम बढ़ गई है। अब देर नहीं करनी चाहिए।''

तीनों भाई लालच के वशीभूत होकर एक अधर्म करने, यारमारी करने और देशद्रोह का कुचक्र रचने पर अडिग हो गए।

❑

पुलिस से मुखबिरी

पुलिस चीफ कांस्टेबल रामा पांडु ने द्रविड़ बंधुओं की बात गौर से सुनी तो उसके मुख पर उत्तेजना फैल गई। जिस केस में कुछ नहीं हो पा रहा था, उसका सुराग उसे मिल रहा था तो निश्चय ही उसका भाग्य खुल रहा था। उसकी पदोन्नति तो होनी ही थी, ब्रिटेन तक रामा पांडु की राजनिष्ठा के चर्चे हो जाने थे। क्षण भर में पांडु ने बहुत से रंगीन सपने बुन डाले। वायसराय की शाबाशी से लेकर ब्रिटेन तक उसे गले में पुष्पहार पहनते हुए अपना चित्र दिखाई देने लगा था। इतने चर्चित और बड़े केस में, जबकि जगन्प्रसिद्ध ब्रिटेन जासूसी तंत्र नाकाम और हताश हो चला था, रामापांडु के लिए यह अवसर दैवीय वरदान जैसा प्रतीत हो रहा था।

''तुम लोग सच कह रहे हो?'' रामा पांडु अपनी उत्तेजना को नियंत्रित करते हुए बोला।

''हुजूर! ऐसा झूठ बोलने का साहस कोई कर सकता है!'' गणेश ने कहा, ''क्या अंग्रेजी सरकार में इतनी धाँधलेबाजी चल सकती है?''

''नहीं चल सकती।'' पांडु अकड़कर बोला, ''चमड़ी उधेड़कर लाल मिर्च छिड़क दूँगा। उलटा लटकाकर इतने बेंत उड़ाऊँगा कि हड्डियों का भी चूरमा हो जाएगा, फिर काले पानी भेज दूँगा।''

''सरकार! हम अपनी ऐसी हालत क्यों कराने लगे! कमिश्नर साब

की हत्या के बारे में बताकर हम तो अपनी राजनिष्ठा दिखाएँगे और साथ ही इनाम भी तो हमें मिलेगा?''

''मिलेगा। इनाम ही क्यों, देखना, सरकार तुम्हारा कितना सम्मान करेगी। अब देर मत करो। सब कुछ उगल दो।''

''हुजूर! हमारा नाम छुपा रह सकता है?''

''क्यों? छुपाने की क्या जरूरत है। ऐसे मौके बार-बार नहीं मिलते, जब सरकार की कृपा बरसती है। सारे देश में तुम राजनिष्ठा का उदाहरण बन जाओगे।''

''सरकार! वे लोग हमें भी मार सकते हैं।''
''क्या बकते हो! आज से तुम रामा पांडु के मुखबिर हो। मजाल कि कोई तिरछी नजर से भी देख ले। आँखें निकाल लूँगा सालों की। वैसे भी उनको तो फाँसी होगी। तुम्हें डरने की जरूरत नहीं है। रामा पांडु तुम्हारा रक्षक है। सरकार तुम्हारी सुरक्षा करेगी। अब देर मत करो।''

''सरकार! वे लोग हमें भी मार सकते हैं।''

''क्या बकते हो! आज से तुम रामा पांडु के मुखबिर हो। मजाल कि कोई तिरछी नजर से भी देख ले। आँखें निकाल लूँगा सालों की। वैसे भी उनको तो फाँसी होगी। तुम्हें डरने की जरूरत नहीं है। रामा पांडु तुम्हारा रक्षक है। सरकार तुम्हारी सुरक्षा करेगी। अब देर मत करो।''

''सरकार! आपकी बात पर हमें विश्वास है। दरअसल यह कत्ल चिंचवाड़ गाँव के दामोदर चापेकर ने किए हैं, जो इन दिनों बंबई में छुपा हुआ है।''

''बंबई में कहाँ? पता तो मालूम होगा?''

''मालूम है हुजूर! लिखिए।''

रामा पांडु ने कलम उठाई तो उसके हाथ उत्तेजना से काँप रहे थे।

''इस अकेले आदमी ने इतना दुस्साहस किया?''

''सरकार! अकेला तो नहीं होगा। साथी भी जरूर होंगे, पर क्या पकड़े जाने पर अपनी जुबानी नहीं बताएगा।'' गणेश ने कहा।

''क्यों नहीं बताएगा! सरकार तो पत्थर से भी जुबान खुलवा लेती है, यह तो फिर भी आदमी है। देखना, जब मार पड़ेगी तो अपने सभी साथियों के नाम रो-रोकर गाएगा। उस दिन को कोसेगा, जब ऐसा विचार किया था।''

''हमारा इनाम हमें कब तक मिलेगा, हुजूर।''

''बस, वह गिरफ्तार हो जाए। मैं साहब लोगों को बताऊँगा कि यह महान् काम तुम लोगों के सहयोग से संपन्न हुआ है। देखना, खुद कलेक्टर साहब तुम लोगों को अपने हाथों से इनाम देंगे और तुम्हारी पीठ भी ठोंकेंगे।''

''हुजूर! हमें कोई खतरा तो नहीं होगा। पूना में ऐसे बहुत से क्रांतिकारी सक्रिय हैं, जो हमारे इस काम को राष्ट्रद्रोह मानकर हमारी जान के पीछे पड़ जाएँगे। ये लोग बड़े खतरनाक होते हैं।''

''अबे, हमारी सुरक्षा में रहकर डरने की जरूरत नहीं है। तुम लोग अब सरकार के आदमी हो। ऐसे लोगों की जानकारी देते रहना। तुम्हारी सुरक्षा हम करेंगे।''

''बस, वह गिरफ्तार हो जाए। मैं साहब लोगों को बताऊँगा कि यह महान् काम तुम लोगों के सहयोग से संपन्न हुआ है। देखना, खुद कलेक्टर साहब तुम लोगों को अपने हाथों से इनाम देंगे और तुम्हारी पीठ भी ठोंकेंगे।''

''हुजूर! जब वे कमिश्नर को मार सकते हैं तो हमारी क्या औकात!''

''कमिश्नर धोखे से मारा गया। किसी को पता नहीं था, पर तुम्हारी जान को खतरा होगा, यह हम जानते हैं, इसलिए तुम्हें फिक्र करने की जरूरत नहीं। अब आराम से अपने घर जाओ। जल्दी ही मैं

तुम्हें बुलाऊँगा। अब अखबार में तुम्हारे फोटो छपेंगे। तुम्हारा नाम हो जाएगा।''

''सरकार। गरीबमार न हो जाए! हम बेमौत न मारे जाएँ। राजनिष्ठा दिखाने के चक्कर में हम लोग फँस न जाएँ।''

''अबे, चुप कर।'' पांडु ने झिड़का, ''बार-बार एक ही रट लगाए जा रहा है। बोल तो दिया कि कुछ नहीं होगा, फिर क्यों मरा जाता है। ज्यादा दिमाग खराब करेगा तो मुझे गुस्सा आ जाएगा। अब चल।''

गणेश द्रविड़ वहाँ से उठ खड़ा हुआ। रामा पांडु प्रसन्नता से झूम उठा।

❑

दामोदर चापेकर की तिलक से भेंट

8 अक्तूबर, 1897 को दामोदर चापेकर को बंबई से गिरफ्तार कर लिया गया। इस खबर ने सभी राष्ट्रवादियों को स्तब्ध कर दिया। अभी तक कोई भी नहीं जानता था कि रैंड जैसे राक्षस का वध करनेवाला देशभक्ति कौन था, परंतु जैसे ही दामोदर चापेकर की गिरफ्तारी हुई, क्रांतिकारियों ने उसकी राष्ट्रभकित की भूरि-भूरि प्रशंसा की और उसे राष्ट्र के युवाओं के लिए आदर्श बताया। इस समाचार से 'चापेकर क्लब' में सन्नाटा फैल तक गया। हर कोई जानना चाहता था कि यह अनहोनी हुई तो कैसे हुई? जिस बात को पुलिस आज तक नहीं जान सकी थी, उसे अब कैसे जान गई थी। इस अनहोनी के घटने का संदेह सबको था कि यह किस प्रकार हुई होगी।

दामोदर चापेकर को गिरफ्तार करके पूना लाया गया और उससे पुलिस ने गहन पूछताछ आरंभ कर दी।

''हाँ! मैंने ही उस अत्याचारी रैंड को मारा था, जिसने प्लेग-उन्मूलन के नाम पर सारे महाराष्ट्र में आतंक और अधर्म का कुचक्र चलाया था।'' दामोदर चापेकर ने निर्भीकता से स्वीकार, ''उसके आदेश पर गोरे सिपाहियों ने हमारे घरों में लूपपाट की। हमारी झोंपड़ियाँ, वस्त्र और सामान जला दिए। हमारी औरतों के साथ अभद्रता की। उनका शारीरिक शोषण किया। हमारे मंदिरों को इन गोरों ने अपवित्र किया। मूर्तियाँ तोड़ दीं और धर्म-परिवर्तन का कुचक्र

रचकर हमारी धार्मिक आस्था पर कुठाराघात किया। इन सबके पीछे रैंड का हाथ था। उसी के आदेश पर यह अनीति-चक्र घूम रहा था। गरीबों की मदद के बहाने वह उनका खून चूस रहा था। ऐसे दुष्ट व्यक्ति का वध करना कोई पाप नहीं है।

"मुझे प्रसन्नता है कि भगवान् ने यह पुण्य कार्य करने में मुझे निमित्त बनाया। मेरे देशवासियों पर जुल्म करनेवाली अंग्रेज सरकार जान ले कि इस देश में अकेला दामोदर तुमसे आक्रोशित नहीं है। भारतमाता की कोख से अनेक दामोदर दासता की बेड़ी तोड़ने के लिए संकल्पबद्ध होंगे। यदि अंग्रेजों को अपने प्राणों का भय है तो छोड़कर भाग जाएँ मेरे देश को, वरना इन दामोदरों का कहर ऐसे ही टूटता रहेगा। मुझे रैंड से इतनी घृणा थी कि यदि वह सौ बार जन्म ले तो मैं ही सौ बार जन्म लेकर नराधम का वध करूँगा। मुझे परवाह नहीं कि मुझे फाँसी पर चढ़ा दिया जाएगा। यह तो मेरा सौभाग्य है कि अपने देश की आन-बान के लिए मेरी जान काम आएगी। भारतमाता मुझे यह अवसर प्रत्येक जन्म में दे, बार-बार दे, हर बार दे।"

मुझे प्रसन्नता है कि भगवान् ने यह पुण्य कार्य करने में मुझे निमित्त बनाया। मेरे देशवासियों पर जुल्म करनेवाली अंग्रेज सरकार जान ले कि इस देश में अकेला दामोदर तुमसे आक्रोशित नहीं है। भारतमाता की कोख से अनेक दामोदर दासता की बेड़ी तोड़ने के लिए संकल्पबद्ध होंगे।

पुलिस ने बहुत प्रयास किए, परंतु दामोदर ने इस हत्याकांड में किसी और के सम्मिलित होने की बात स्वीकार नहीं की। पुलिस ने यातना के हर तरीके उस महान् देशभक्त पर आजमाए, परंतु पत्थरों की जुबान खुलवाने का दावा करनेवाली गोरी पुलिस उस भारतमाता

के वीर सपूत के मुख से उसके किसी साथी का नाम न जान सकी। दामोदर की स्वीकारोक्ति के आधार पर मुकदमा चला और उसे यरवदा जेल भेज दिया गया। इसी जेल में तिलक महाराजजी थे। इससे पूर्व वह पूना की डोगरी जेल में थे, परंतु उनके समर्थन में इंग्लैंड और यूरोप भर का बुद्धिजीवी वर्ग उठ खड़ा हुआ था।

विद्वान् मैक्समूलर भी तिलकजी से मिले थे और उनके विचारों से इतने प्रभावित हुए कि उनके समर्थन में सरकार को यह परामर्श दिया कि तिलक जैसे महान् मनीषी को साधारण कैदी की भाँति रखना बौद्धिकता का अनादर है। अतः अंग्रेज सरकार उन्हें रिहा करने की दिशा में गंभीर प्रयास करके अपने न्याय का प्रदर्शन करे, तब तिलक को यरवदा जेल में रखा गया। सरकार ने दामोदर को भी एक कुटिल योजना के साथ यरवदा जेल भेजा था। वहाँ तिलक थे और सरकार चाहती थी कि दामोदर से उनका संबंध किसी प्रकार जोड़ा जा सके।

विद्वान् मैक्समूलर भी तिलकजी से मिले थे और उनके विचारों से इतने प्रभावित हुए कि उनके समर्थन में सरकार को यह परामर्श दिया कि तिलक जैसे महान् मनीषी को साधारण कैदी की भाँति रखना बौद्धिकता का अनादर है। अतः अंग्रेज सरकार उन्हें रिहा करने की दिशा में गंभीर प्रयास करके अपने न्याय का प्रदर्शन करे, तब तिलक को यरवदा जेल में रखा गया।

दामोदर चापेकर को जब यह ज्ञात हुआ कि प्रिय तिलक महाराज भी उसी जेल में हैं तो उन्होंने जेल अधिकारी से उनके दर्शन करने की प्रार्थना की, जो स्वीकार कर ली गई। दो महान् देशभक्तों की भेंट हुई। दामोदर ने उस दिव्य तेजपुंज को सामने देखकर सिर झुकाकर प्रणाम किया।

''यशस्वी भव!'' तिलक भाव-विभोर होकर बोले, ''तुम्हें लंबी आयु का आशीर्वाद देना तो तुम्हारे महान् कार्य पर अविश्वास करना होगा दामोदर, परंतु निश्चय ही तुम यश के भागी बनोगे। जब तक राष्ट्र भारत रहेगा, तब तक तुम्हारा नाम इतिहास के पन्नों पर स्वर्णाक्षरों में अंकित रहेगा। तुमने सनातन भारत की उस परंपरा का निर्वाह किया है, जिसमें दुष्टों का नाश करना परमधर्म है।''

''महाराज!'' दामोदर ने आश्चर्य से कहा, ''मैंने सुना था कि आप हिंसक क्रांति के विरोधी हैं।''

''आज भी हूँ दामोदर, परंतु यह भी मानता हूँ कि आज भय के बिना भी काम नहीं चल सकता। हिंसा की अति हानिकारी होती है, परंतु कई बार आक्रोश को सँभाल पाना भी तो असंभव है। क्या भगवान् श्रीकृष्ण हिंसक मार्ग के समर्थक थे। वे तो शांतिदूत बनकर भी गए थे, परंतु जब दुष्टता इतनी बेलगाम हो गई तो उनके अधरों की बाँसुरी चक्र-सुदर्शन बनकर उँगली पर धारण हुई। यह आक्रोश की परिणति थी। यह सत्य है कि मैं हिंसा में विश्वास नहीं करता, पर गीता की रहस्यवाणी में इसकी प्रधानता पर मुझे संदेह नहीं है।''

आज भी हूँ दामोदर, परंतु यह भी मानता हूँ कि आज भय के बिना भी काम नहीं चल सकता। हिंसा की अति हानिकारी होती है, परंतु कई बार आक्रोश को सँभाल पाना भी तो असंभव है। क्या भगवान् श्रीकृष्ण हिंसक मार्ग के समर्थक थे। वे तो शांतिदूत बनकर भी गए थे, परंतु जब दुष्टता इतनी बेलगाम हो गई तो उनके अधरों की बाँसुरी चक्र-सुदर्शन बनकर उँगली पर धारण हुई।

''महाराज! आज देश की दुर्दशा देखकर किसे आक्रोश न होगा।

आप भी तो कम आक्रोशित नहीं हैं। आप अपने आक्रोश को शब्दों में ढाल देते हैं। क्या आज आप भी उसी आक्रोश के कारण यहाँ बंदी नहीं हैं।'' दामोदर ने कहा, ''हमारे जैसे अल्पबुद्धि अपने आक्रोश को सँभाल नहीं पाते और वह हिंसक रूप में बाहर आ जाता है। अंग्रेजों ने पिछले तीन सौ सालों से हमारे देश का शोषण किया है। कितनी पीड़ा दी है हमें। तीस करोड़ हिंदुस्तानी दासता की बेड़ी में बँधे फड़फड़ा रहे हैं। कब तक हम अर्जियाँ देते रहेंगे? कब तक ब्रिटेन से प्रार्थना करते रहेंगे कि शासन चाहे करो, पर हमें न सताओ! क्या संसार में कभी ऐसा हुआ है कि विदेशी शासन में मूल स्वदेशी लोगों को सताया न गया हो? विदेशी हमारी पीड़ा क्यों समझें? हम ऐसी आशा भी क्यों रखें? पूरब और पश्चिम का मेल भी क्या है? लंदन और भारत का संबंध प्राकृतिक रूप से ही बेमेल है। अंग्रेज सरकार हमारे देश की संपदा, संस्कृति और सभ्यता को विलुप्त करना चाहती है। महाराज! ऐसे में युवा रक्त न खौल उठे तो धिक्कार है हमारे यौवन को। हम नीति समर्थक, न्याय के समर्थक हैं तो हम इनके प्रतिकार को भी स्थिति के अनुसार समर्थन देते हैं।''

हमारे जैसे अल्पबुद्धि अपने आक्रोश को सँभाल नहीं पाते और वह हिंसक रूप में बाहर आ जाता है। अंग्रेजों ने पिछले तीन सौ सालों से हमारे देश का शोषण किया है। कितनी पीड़ा दी है हमें। तीस करोड़ हिंदुस्तानी दासता की बेड़ी में बँधे फड़फड़ा रहे हैं। कब तक हम अर्जियाँ देते रहेंगे?

तिलक भारतमाता के इस युवा आक्रोश को देखकर हर्षित हो उठे।

''वीर ब्राह्मण!'' तिलक ने कहा, ''आज मुझे हर्ष है कि यह आक्रोश मात्र पीड़ित भारत का नहीं, अपितु बौद्धिक भारत का भी है।

इस आक्रोश के मूल में हिंसा का तत्त्व भले ही हो, पर यह मानवीय गुण के आधार पर सम्मिलित है। प्रतिकार की विभिन्न श्रेणियाँ हैं। मातृभूमि के प्रति कर्तव्य निर्वाह करने के लिए प्रत्येक व्यक्ति अपनी सोच व इच्छा से स्वतंत्र है। इसमें सभी तिलक नहीं होंगे, सभी गोखले नहीं होंगे, सभी विवेकानंद नहीं होंगे तो सभी तात्या टोपे भी नहीं होंगे। इन सबका मिश्रण ही देशसेवा के व्रत का पालन करेगा। मुझे हर्ष है कि भारतमाता की कोख से स्वतंत्रता के वे सभी तत्त्व जनमे हैं, जो अपने-अपने योगदान से इस विदेशी सरकार को उखाड़ फेंकेंगे।''

''आपके दर्शन करने की बड़ी इच्छा थी। जीवन सफल हो गया। देश के किसी काम आ सका; इसका ही यह सुफल प्राप्त हुआ है।''

''तुमने चित्तपावन ब्राह्मण वंश का सिर गर्व से उन्नत कर दिया है। काश! अंग्रेज सरकार तुम्हारे आक्रोश को समझ पाती और इससे कोई सबक लेती।''

''आपके दर्शन करने की बड़ी इच्छा थी। जीवन सफल हो गया। देश के किसी काम आ सका; इसका ही यह सुफल प्राप्त हुआ है।''
''तुमने चित्तपावन ब्राह्मण वंश का सिर गर्व से उन्नत कर दिया है। काश! अंग्रेज सरकार तुम्हारे आक्रोश को समझ पाती और इससे कोई सबक लेती।''

''महाराज! आज नहीं तो कल, यह आक्रोश ज्वालामुखी बनकर फटेगा और इसमें अंग्रेजी सत्ता भस्मीभूत हो जाएगी। परिवर्तन संसार का नियम है। अत्याचारी शासन को देर-सवेर तो मिटना ही होता है। हमारा कर्तव्य तो मातृभूमि की आजादी में निरंतर प्रयास करते रहना है। एक दामोदर चापेकर के मिट जाने से तो इन दुष्टों का भय समाप्त नहीं होगा। यह आक्रोश तो तब तक सिर कटाएगा, जब तक जालिम

अंग्रेज इस धरती को छोड़कर भाग खड़े नहीं होते।''

''मैं जानता हूँ दामोदर! स्वतंत्रता के लिए सिर कटानेवालों की हमारे देश में कोई कमी नहीं है और यह बात अंग्रेज सरकार को भी समझनी होगी, वरना गौतम बुद्ध की भूमि पर चंद्रगुप्त मौर्य भी पैदा होते हैं और होते रहेंगे।''

''महाराज! अब तो मुझे प्रतीक्षा है कि अंग्रेज सरकार अपने अन्याय का यह प्रहार भी करे कि मुझे फाँसी पर झुला दे, जिससे इस आक्रोश को और भी जाज्वल्य होने में देर न लगे।''

तिलक के नेत्रों में अश्रु आ गए! ऐसे वीर स्वातंत्र्य के दीवाने युवा की यह निडरता गर्व करने योग्य थी! कैसे निश्चित हो चुकी मृत्यु के प्रति लापरवाह था वह राष्ट्रभक्त, जो मृत्यु को भी लाभरूप में देख रहा था। यह निश्चय ही बदलते भारत की तसवीर थी। तिलक ने 'गीता' की एक प्रति दामोदर चापेकर को भेंट की।

तिलक के नेत्रों में अश्रु आ गए! ऐसे वीर स्वातंत्र्य के दीवाने युवा की यह निडरता गर्व करने योग्य थी! कैसे निश्चित हो चुकी मृत्यु के प्रति लापरवाह था वह राष्ट्रभक्त, जो मृत्यु को भी लाभरूप में देख रहा था। यह निश्चय ही बदलते भारत की तसवीर थी। तिलक ने 'गीता' की एक प्रति दामोदर चापेकर को भेंट की।

''जब भी हृदय विकल हो, इससे शक्ति, संयम और सार सीखना।'' तिलक ने कहा, ''मुझे आशा है कि जीवनपर्यंत यह उत्साह प्रज्वलित रहेगा।''

''महाराज! मैं कृतार्थ हुआ।'' दामोदर ने पावन 'गीता' को मस्तक से लगाया, ''अब मेरी एक इच्छा और है, जिसे कृपा करके पूरी करें।''

''आदेश करो बेटा!'' तिलक ने उसके हाथ पकड़े।

''महाराज! इस अत्याचारी शासन में जीवन भर तो पीड़ा सही है, पर मरने के बाद भी आत्मा न भटकती रहे, इसकी और भी पीड़ा है। अत: आप मेरा अंतिम संस्कार अवश्य ही विधि-विधान से करा दें तो बड़ा उपकार होगा।''

''ईश्वर तुम्हारी इच्छा अवश्य पूरी करेंगे।'' तिलक ने आशीर्वाद दिया।

दामोदर चापेकर को तिलकजी की सांत्वना से बड़ी संतुष्टि मिली।

❑

वासुदेव चापेकर का आवेश

द्रविड़ बंधुओं की यह करतूत बहुत जल्दी सबके सामने आ गई, जब पुलिस ने अपने वक्तव्य में उनकी राजनिष्ठा का खुलासा किया और उन्हें इनाम देने की घोषणा की। अंग्रेज समर्थित अखबारों ने द्रविड़ बंधुओं की भूरि-भूरि प्रशंसा करते हुए उन्हें राजनिष्ठा और कानून की मदद करनेवाले की उपाधि से नवाजा। जब वे इनाम लेकर आए तो आसपास के लोगों ने उन्हें धिक्कारा, परंतु जब दो सिपाही उधर से गुजरे तो सब लोग घरों में घुस गए।

द्रविड़ बंधु बड़े प्रसन्न हुए और सिपाहियों को अपने घर ले जाकर चाय-पानी पिलाया। वहीं पता चला कि वे दोनों सिपाही अब उसी गली में गश्त करते रहनेवाले थे, जिससे कोई भी उन तीनों भाइयों को कुछ न कह सके। द्रविड़ बंधु बड़े प्रसन्न हुए। उन्होंने इस विश्वासघात और देशद्रोहितों से प्राप्त धन को अपने रहने-सहन का स्तर ठीक करने में इस्तेमाल करने की योजना बनानी शुरू कर दी और पूरी बेशर्मी से बाजार से खरीदारी करके लाने लगे। यद्यपि उन्हें खुद को घूरती घृणा भरी निगाहें भयभीत करती थीं; परंतु वे सब सहन करने को तैयार थे। कभी-कभी उन्हें यह भय भी सताता था कि अभी बालकृष्ण चापेकर और रानाडे आजाद घूम रहे हैं। पुलिस दामोदर से उनके बारे में कुछ नहीं जान पाई थी। द्रविड़ बंधु बड़े ही संशय में थे कि उनका भी नाम

लें या नहीं। उन्हें आशा थी कि जेल की यातना से त्रस्त होकर दामोदर ही सबकुछ बता देगा।

इधर उनके इस विश्वासघात पर वासुदेव चापेकर तिलमिलाकर रह गया था। उसका रक्त खौल उठा था। उसने क्रोध को साठे के सामने बयान किया, जो खुद भारी क्रोध में था।

''साठे! मैं इन गद्दारों को जीवित नहीं छोड़ूँगा। मुझे तो पहले से ही इन लोगों पर शक था कि ये लालची कभी भी देशभक्त नहीं हो सकते।'' वासुदेव ने स्वर में घृणा भरी पड़ी थी, ''मैंने भाऊ से पहले ही कहा था कि इन गद्दारों के सामने ऐसे किसी विषय पर चर्चा न की जाए।''

''भाऊ! तुम क्या, मैं भी यही कहता था, हमने आस्तीन में साँप पाल रखे हैं। जब से सुना है कि हमारा संदेह सही निकला, तब से मेरे हाथ मचल रहे हैं। मन करता है कि उन कमीनों की गरदन उड़ा दूँ, पर क्या करूँ। हर वक्त पुलिस की सुरक्षा में रहते हैं, फिर मैंने बालकृष्ण भाऊ और रानाडे भाऊ से संपर्क किया है। वे आजकल में पूना आ जाएँगे और तब चाहे जो हो जाए, हम इन विश्वासघातियों को जीवित नहीं छोड़नेवाले।''

भाऊ! तुम क्या, मैं भी यही कहता था, हमने आस्तीन में साँप पाल रखे हैं। जब से सुना है कि हमारा संदेह सही निकला, तब से मेरे हाथ मचल रहे हैं। मन करता है कि उन कमीनों की गरदन उड़ा दूँ, पर क्या करूँ। हर वक्त पुलिस की सुरक्षा में रहते हैं, फिर मैंने बालकृष्ण भाऊ और रानाडे भाऊ से संपर्क किया है।

''यह अच्छी खबर सुनाई तुमने!''

''अच्छा, यह बताओ, पुलिस ने तुम्हें तो कुछ नहीं कहा? परिवार को तो तंग नहीं किया? यह चिंता हम सबको खाए जा रही है।''

''गोरी पुलिस इतनी भली कहाँ है, जो ऐसे अवसर पर परिवार को तंग न करे। जब उन्होंने आसपास के क्षेत्रों में इतना दमनचक्र चलाया है तो हमें कैसे बख्शते! रामा पांडु ने मुझे पकड़ा था और इतनी पिटाई की कि जान ही न छूटी, यही करिश्मा था। वह मुझ पर दबाव बना रहा था कि मैं भी भाऊ की तरह अपराध स्वीकार कर लूँ, पर मैंने नहीं किया। यह तो शहर के कुछ भले और बड़े लोगों ने मेरी पैरवी की। शिवाजी समिति के नेता पहुँच गए, तब मुझे छोड़ा गया। रामा पांडु ने तो यहाँ तक धमकी दे दी है कि वह मुझे छोड़ेगा नहीं।''

''घबराओ मत। द्रविड़ बंधु इसी रामा पांडु के मुखबिर हैं। मुझे तो हैरानी है कि उन्होंने हम लोगों का नाम अभी तक क्यों नहीं लिया! यह खतरा तो बराबर बना रहेगा, इसलिए इसका निदान करना ही होगा।''

गोरी पुलिस इतनी भली कहाँ है, जो ऐसे अवसर पर परिवार को तंग न करे। जब उन्होंने आसपास के क्षेत्रों में इतना दमनचक्र चलाया है तो हमें कैसे बख्शते! रामा पांडु ने मुझे पकड़ा था और इतनी पिटाई की कि जान ही न छूटी, यही करिश्मा था।

''भाऊ! अब बड़े भैया तो हमें कभी मिलेंगे नहीं।'' वासुदेव ने भावुक होते हुए कहा, ''लगता है, सरकार अब उन्हें जीवित न छोड़ेगी।''

''उदास क्यों होते हो भाई! देशसेवा का तो यही पुरस्कार मिलता है। बड़े भाऊ ने तो पहले ही सोच लिया था कि प्राण देकर ही देशसेवा का व्रत पूरा हो सकता है। हमें तो उनसे प्रेरणा लेनी चाहिए कि उन्होंने जीवन को सार्थक करने का एक नया मार्ग प्रशस्त कर दिया है। यदि इस जीवन में हम अपने देश के हित में कुछ कर सकें, तो जन्म लेना सार्थक हो जाएगा।''

''यही गर्व की अनुभूति तो मुझे हिम्मत देती है साठे! इसी से साहस पाकर मैं अपने परिवार को सँभाले हुए हूँ। मेरी भाभियों के मुख पर उदासी झलकती है, पर उनका धैर्य देखकर मेरा सिर श्रद्धा से झुक जाता है। जब भी मैं विचलित होता हूँ तो वे मुझे समझाती हैं कि मैं उस वीर पुरुष का सहोदर हूँ, जिसने इस देश में फैले राक्षसी राज में से एक राक्षस का वध किया है। भाऊ! यह सब मेरे हृदय में धैर्य पैदा करता है। अब तो तब संतोष मिलेगा, जब उन गद्दार द्रविड़ बंधुओं को उनकी करनी की सजा मिले, अन्यथा देश पर प्राण निछावर करनेवालों का हौसला कम होगा और ऐसे गद्दार पनपते जाएँगे।''

''भाऊ! तुम बेफिक्र रहो। तुमसे पहले हमने इस विषय पर सोच लिया है और तैयारी भी चल रही है। हम निश्चिंत नहीं बैठे हैं।''

''भाऊ! मैं चाहता हूँ कि उन गद्दारों को सबक सिखाने में मुझे भी अवसर मिले।'' वासुदेव चापेकर ने आवेश में भरकर कहा, ''मेरी दिली इच्छा है कि मैं भी देश के किसी काम आ सकूँ। ऐसे पापियों में से किसी एक को तो उसके अंजाम तक पहुँचाऊँ।''

''भाऊ! मैं चाहता हूँ कि उन गद्दारों को सबक सिखाने में मुझे भी अवसर मिले।'' वासुदेव चापेकर ने आवेश में भरकर कहा, ''मेरी दिली इच्छा है कि मैं भी देश के किसी काम आ सकूँ। ऐसे पापियों में से किसी एक को तो उसके अंजाम तक पहुँचाऊँ।''

''भाऊ! धन्य है वह जननी, जिसने तुम तीन-तीन राष्ट्रभक्तों को जन्म दिया। वह कुल ही अभिमान करे, जहाँ ऐसे तेजस्वी देशप्रेमी पैदा हुए। देखना, जब इतिहास के पन्ने खोले जाएँगे तो संसार चापेकर बंधुओं के प्रति श्रद्धा से नत हो जाएगा।'' साठे ने कहा।

''छोटे! तूने बड़ी यातना सही होगी। निर्दोष होकर भी इतनी पीड़ा!''

"भाऊ! मैं निर्दोष नहीं होना चाहता। देशसेवा अगर दोष है तो मैं चाहूँगा कि यह हर जन्म में मेरे सिर लगे। मेरे कुल के नाम पर यह दोष ऐसे सुशोभित रहे, जैसे भगवान् शिव के मस्तक पर चंद्रमा!" वासुदेव ने भावुक होकर कहा, "यदि मेरी पीड़ा का आपके मन में कोई स्थान है भाऊ, उन गद्दार द्रविड़ बंधुओं को उनके देशद्रोह का दंड देने में मेरे इन हाथों को भी अवसर मिले।"

"तेरी इच्छा पूरी होगी छोटे! आज हरि विनायक चापेकर का पूरा कुल देशसेवा का संकल्प लेकर अपने प्राणों को मातृभूमि के चरणों में निछावर करने को तैयार है, इससे इस चित्तपावन ब्राह्मण वंश का गौरव बढ़ गया। धन्य है हमारी माता जिसने हमें इस पावन भारत भूमि में जन्म देकर यह सुअवसर प्रदान किया।"

तेरी इच्छा पूरी होगी छोटे! आज हरि विनायक चापेकर का पूरा कुल देशसेवा का संकल्प लेकर अपने प्राणों को मातृभूमि के चरणों में निछावर करने को तैयार है, इससे इस चित्तपावन ब्राह्मण वंश का गौरव बढ़ गया।

"आज मुझे करवट लेता वह हिंदुस्तान स्पष्ट नजर आ रहा है, जो शीघ्र ही हुंकार भरकर उठ खड़ा होगा और अत्याचारी अंग्रेज सत्ता को भस्मीभूत कर देगा।" रानाडे ने भावविभोर होकर कहा, "अब वह दिन दूर नहीं, जब स्वातंत्र्य-समर की अग्नि पूर्ण जाज्वल्य होकर दहकेगी और अंग्रेजी राज्य की राख भी शेष न बचेगी।"

साठे ने दृढ़ता से हाँ में सिर हिलाया।

इसके बाद वे चारों क्रांतिकारी गद्दारों को सबक सिखाने की योजना बनाने लगे।

❑

दामोदर चापेकर की शहादत

अंग्रेज सरकार को दामोदर चापेकर से कुछ और जानकारी नहीं मिल पा रही थी। रैंड व आयरेस्ट के ड्राइवरों ने भी यही कहा था कि केवल एक ही आदमी ने ये हत्याएँ की थीं, जो पेड़ों के झुरमुट में छुपा हुआ था। आखिरकार सरकार ने दामोदर को ही इस हत्याकांड का दोषी करार देकर उसे दफा तीन सौ दो के अंतर्गत फाँसी की सजा सुना दी। सारे पूना शहर में शोक छा गया। बहुत अपीलें की गईं, परंतु पत्थर हो चुकी सरकार नहीं पिघली।

18 अप्रैल, 1898 को फाँसी का दिन निश्चित कर दिया गया। दामोदर से किसी भी घरवाले को मिलने की इजाजत नहीं दी गई। उनकी माता, पत्नी और भाई आदि परिजनों को भी उस निर्दयी प्रशासन ने अंतिम बार उनसे नहीं मिलने दिया। जनसाधारण भी बहुत आकुल हो उठा था, परंतु केवल उस वीर पुरुष पर गर्व ही तो कर सकता था। राजनैतिक स्तर पर प्रयास तो किए गए, परंतु सफलता नहीं मिली थी। वैसे भी तिलक तो जेल में थे और सरकार उन्हें भी इस अपराध में शामिल समझती थी। यहाँ तक कि इस हत्या में सरकार ने तिलक की भूमिका प्रेरक तत्त्व की तरह मानी थी।

अंततः वह दिन भी आ गया, जब भारतमाता के एक वीर सपूत को अपनी मातृभूमि के पुरस्कार स्वरूप फाँसी की सजा मिली। उस रात दामोदर ने रात भर 'गीता' का पाठ किया। जेल प्रवास में उन्होंने अपनी

जीवनी भी लिखी, जिसमें कर्तव्य-पथ पर आगे बढ़कर अपने प्राणार्पण करने के लिए उन्होंने भारतीय युवाओं को प्रेरणा दी। प्रातःकाल होने पर उन्होंने स्नानादि किया और गीता पाठ किया। साथी कैदियों को उनके मुख पर किसी भी प्रकार का भय या उत्तेजना के भाव दिखाई नहीं दे रहे थे। मुख पर अपूर्व शांति दमक रही थी। जेलर ने आकर उन्हें साथ चलने को कहा।

''जेलर साहब! आवश्यकता तो यह थी कि हम सब साथ चलते, पर देश का दुर्भाग्य है कि इस पथ पर चलने का जज्बा सबमें नहीं आ सका।'' दामोदर ने कहा, ''चलो इस वतन के माथे पर हम ही प्राणतिलक कर देते हैं। हो सकता है कि इस तिलक को देखकर ही कुछ हृदयों में मातृभूमि का स्मरण हो उठे।''

''जेलर साहब! आवश्यकता तो यह थी कि हम सब साथ चलते, पर देश का दुर्भाग्य है कि इस पथ पर चलने का जज्बा सबमें नहीं आ सका।'' दामोदर ने कहा, ''चलो इस वतन के माथे पर हम ही प्राणतिलक कर देते हैं। हो सकता है कि इस तिलक को देखकर ही कुछ हृदयों में मातृभूमि का स्मरण हो उठे।''

जेलर ने सिर झुका लिया था। वह भी हिंदुस्तानी था और दामोदर के शब्दों में छुपे अर्थ को वह भली-भाँति समझता था। जेलर उन्हें साथ लेकर वहाँ आ गया, जहाँ अंग्रेज अधिकारी खड़े थे।

फाँसी का फंदा हवा में झूलकर उस देशभक्त की गरदन को चूमने को लालायित था। दामोदर के मुख पर मुसकान तैर गई। वे तख्ते पर चढ़ गए। उनकी आखिरी इच्छा पूछी गई।

''इस बार जन्म लूँ तो स्वतंत्र भारत में लूँ।'' दामोदर ने इच्छा बताकर फंदा अपनी गरदन में डाल लिया। डॉक्टर ने घड़ी देखी और संकेत किया तो जल्लाद ने लीवर खींच दिया।

दामोदर चापेकर की शहादत पर देश गर्व कर उठा। उस वीर शहीद के अदम्य साहस को क्रांतिवीरों ने अपने हृदय में उतार लिया। चापेकर परिवार के आँसू थम नहीं रहे थे, परंतु गर्व से उनके मुख आभामंडित हो गए थे। वासुदेव चापेकर को सांत्वना देते लोग भी उस परिवार के गौरव को यह कहकर बढ़ा रहे थे कि 'धन्य है वह कुल, जिसमें दामोदर जैसे शूरवीर ने जन्म लिया।' इस बलिदान से एक परिपाटी सी उभरने के संकेत मिलने लगे थे। लोग आशा करने लगे थे कि शायद इस शताब्दी के अंतिम वर्षों में अंग्रेजी शासन से मुक्ति मिल जाएगी। क्रांतिकारी गतिविधियाँ देश भर में तेज हो गई थीं। बंगाल, पंजाब, संयुक्त प्रांत आदि हिस्सों में क्रांतिकारियों ने सरकार की नाक में दम कर दिया था, जबकि सरकार का दमन-चक्र बहुत तेजी और निर्ममता से चल रहा था।

6 सितंबर, 1898 को बाल गंगाधर तिलक जेल से रिहा हुए और स्वास्थ्य लाभ के लिए सिंहगढ़ चले गए। उनकी रिहाई से जहाँ राष्ट्रीय आंदोलन में जान पड़ गई थी, वहीं सरकार समर्थक अप्रसन्न हो उठे। सरकार समर्थित कुछ ऐंग्लो-इंडियन अखबार तो अपनी अप्रसन्नता छुपा ही न सके।

6 सितंबर, 1898 को बाल गंगाधर तिलक जेल से रिहा हुए और स्वास्थ्य लाभ के लिए सिंहगढ़ चले गए। उनकी रिहाई से जहाँ राष्ट्रीय आंदोलन में जान पड़ गई थी, वहीं सरकार समर्थक अप्रसन्न हो उठे। सरकार समर्थित कुछ ऐंग्लो-इंडियन अखबार तो अपनी अप्रसन्नता छुपा ही न सके। जब बंबई प्रेसीडेंसी में गए गवर्नर की नियुक्ति हुई तो ग्लोब ने लिखा—

''बंबई प्रेसीडेंसी में राजद्रोही गुटों का बहुत बड़ा जाल फैला हुआ है और इन गुटों को हिंसक प्रेरणा तिलक से मिल रही हो तो कोई बात

नहीं। अब तक बंबई में हुए हिंसक अपराधों में भी तिलक की भूमिका संदिग्ध रही है। अतः नए गवर्नर पर कड़ी नजर रखनी होगी।'' तिलक ने इस लेख पर मानहानि का दावा ठोक दिया और अपने तर्कों से इस प्रसिद्ध अखबार को भी नीचा दिखा दिया।

इस बीच पूना की जनता ने एक और सरकारी अन्याय देखा। सरकार ने द्रविड़ बंधुओं की सेवा से प्रसन्न होकर गणेश द्रविड़ को पुलिस विभाग में नौकरी दे दी थी, जहाँ उसे 10 रुपए प्रतिमाह वेतन मिलता था। गोरी सरकार की कृपा और अपने जमीर को बेचकर द्रविड़ बंधु अब ऐश का जीवन बिता रहे थे। उन्होंने आलीशान मकान बनवाया था, जिसे 'द्रविड़ हाउस' का नाम दिया गया। सबसे छोटा नीलचंद्र द्रविड़ उच्च शिक्षा के लिए विलायत भेज दिया गया था। पूरी तरह पाश्चात्य संस्कृति में रँगे द्रविड़ बंधु अब अक्षम्य अपराध को अपने जीवन का शानदार निर्णय कहते न अघाते थे।

इस बीच पूना की जनता ने एक और सरकारी अन्याय देखा। सरकार ने द्रविड़ बंधुओं की सेवा से प्रसन्न होकर गणेश द्रविड़ को पुलिस विभाग में नौकरी दे दी थी, जहाँ उसे 10 रुपए प्रतिमाह वेतन मिलता था। गोरी सरकार की कृपा और अपने जमीर को बेचकर द्रविड़ बंधु अब ऐश का जीवन बिता रहे थे।

अब गणेश द्रविड़ खुद पुलिस का अंग था तो उसने भी स्वामिभक्ति का प्रदर्शन करते हुए घर से फरार बालकृष्ण चापेकर पर भी संदेह की उँगली उठाई और पुलिस उनकी भी तलाश में जुट गई। चालाक द्रविड़ बंधु जानते थे कि अब ठोस बात कहने पर उन्हें मुसीबत आ जाएगी, इसलिए उन्होंने अपनी बात होशियारी से रखी।

पुलिस ने एक बार फिर चापेकर परिवार के जख्मों को हरा

कर दिया। वह वासुदेव को पकड़कर ले गई और बालकृष्ण का पता पूछने लगी। इस काम में पुलिस ने इस बार भी निर्दयता दिखाई, मगर देशभक्ति के रंग में रँगे वासुदेव ने हर यातना सही, परंतु जुबान न खोली। पुलिस के इस निर्दयी व्यवहार और निर्दोषों पर जुल्म करने के खिलाफ तिलक ने बड़ा रुख अख्तियार कर लिया। वासुदेव को छोड़ दिया गया। कांस्टेबल रामा पांडु चिंचवाड़ गाँव का दुश्मन ही बन बैठा। गणेश द्रविड़ भी अब पुलिसिया रंग दिखाने लगा। वासुदेव का खून खौल उठता था, परंतु वह अकेला क्या कर सकता था! अंततः उसने गुप्त रूप से साठे से संपर्क करके अपनी व्यथा सुनाई। साठे ने उसे सांत्वना दी और शीघ्र ही कुछ करने का आश्वासन भी दिया। साठे का आश्वासन पाकर वासुदेव निश्चिंत हो गया।

8 फरवरी, 1898 को वासुदेव को एक गुप्त संदेश मिला, जिसमें आज रात द्रविड़ बंधुओं को उनके किए की सजा देने का निश्चय हुआ था। वासुदेव ने उत्तर दे दिया कि वह जरूर समय पर पहुँच जाएगा, परंतु समस्या यह थी कि वह पुलिस की निगरानी में था तो भी उसने योजना बना ली।

8 फरवरी, 1898 को वासुदेव को एक गुप्त संदेश मिला, जिसमें आज रात द्रविड़ बंधुओं को उनके किए की सजा देने का निश्चय हुआ था। वासुदेव ने उत्तर दे दिया कि वह जरूर समय पर पहुँच जाएगा, परंतु समस्या यह थी कि वह पुलिस की निगरानी में था तो भी उसने योजना बना ली। अपनी माताजी को, जो उन दिनों बीमार थीं, इलाज के लिए बैलगाड़ी में लिटाया और अपनी पत्नी व मित्रों के साथ चल पड़ा। पुलिस के मुखबिर ने वस्तुस्थिति समझाई तो पुलिसिए भी झाँसे में आ गए। रोगी को इलाज के लिए ले जाने में क्या संदेहास्पद था, फिर भी

मुखबिर को उनके पीछे लगा दिया गया, जो वासुदेव के लिए कोई बड़ी समस्या न बन सकता था। उसे वासुदेव भली प्रकार जानता था तो उसे चकमा देना कोई बड़ी बात नहीं थी। वे सब सरकारी अस्पताल में पहुँचे तो शाम हो चली थी। नियमित दवा देकर वासुदेव वहीं ठहर गया था, क्योंकि रात को जाना संभव न था और न उचित।

अस्पताल में ही एक कोने में उन सबको रात गुजारने की जगह मिल गई थी। अब मुखबिर का धैर्य भी जवाब दे गया था। वह भूखा-प्यासा एक ऐसे काम में लगा था, जिसमें कुछ नहीं रखा था। वासुदेव अपनी बीमार माँ को दवा दिलाने लाया था, जो नियमित काम था। हफ्ते में एक बार तो आता ही था। मुखबिर ने पेट-पूजा करने का इरादा किया और उस बोरियत भरे काम से ऊबकर वहाँ से चल दिया। उसे यह भी नहीं पता था कि अब उसकी निगरानी के लिए एक आदमी उसके पीछे था, जो वासुदेव का मित्र था। उसे अब मुखबिर को अटकाकर रखना था। यह कोई कठिन काम न था। बेगार करते ऐसे ताड़ीबाजों को भरमाना कौन मुश्किल बात थी।

अस्पताल में ही एक कोने में उन सबको रात गुजारने की जगह मिल गई थी। अब मुखबिर का धैर्य भी जवाब दे गया था। वह भूखा-प्यासा एक ऐसे काम में लगा था, जिसमें कुछ नहीं रखा था। वासुदेव अपनी बीमार माँ को दवा दिलाने लाया था, जो नियमित काम था।

❑

देशद्रोही द्रविड़ बंधुओं का अंजाम

वातावरण में रात का धुँधलका छाने लगा था। द्रविड़ हाउस में भरपूर रोशनी थी। गणेश द्रविड़ और रामचंद्र द्रविड़ अपने दो मित्रों के साथ ड्राइंगरूप में बैठे ताश खेल रहे थे। उनमें रंग-ढंग से अंग्रेजियत बरस रही थी। देश से गद्दारी करनेवालों के ऐसे ही ठाठ-बाट थे। अंग्रेजी ढंग से रहना, खाना और उसी अंदाज में व्यवहार करना ही इन लोगों की शान थी। इन्हें देश की समस्याओं से कुछ लेना-देना नहीं था। अब इनके खून में अंग्रेजभक्ति रच-बस गई थी।

''भाऊ!'' रामचंद्र ने ताश का पत्ता फेंकते हुए कहा, ''अब तो छोटे का विवाह कर लेना चाहिए। कई अच्छे रिश्ते आ रहे हैं। पढ़ाई तो उसकी चलती ही रहेगी। विलायत में ही शादी कर ली तो गड़बड़ हो जाएगी।''

''क्या गड़बड़ हो जाएगी ? अच्छा है, जो यहाँ की गँवार, अनपढ़ लड़की के बजाय वह किसी गोरी मेम से विवाह कर ले। हमारा तो रुतबा ही बढ़ेगा।'' गणेश ने हँसते हुए कहा, ''चोखा रहेगा भाऊ! मेरी तो यही इच्छा है।''

''कुछ अम्माँ की इच्छा का भी खयाल रखो भाऊ! वह चाहती है कि नीलू का ब्याह अपनी ही बिरादरी की किसी सुघड़ कन्या से हो जाए।''

''अरे, अम्माँ क्या जानें, हमारी बिरादरी में सुघड़ कन्या उसको कहते हैं, जिसके बाप के पास माल–जायदाद हो।''

''ऐसे ही एक रिश्ता आया है भाऊ! पूना में ही एक बड़े सेठ ने भेजा है।''

''अरे, रिश्ते की बात है तो मैं कराता हूँ।'' एक मित्र ने कहा, ''मेरी नजर में एक–से–एक धनवान सेठों के रिश्ते हैं। विलायत में पढ़ रहे बाबू के लिए तो लोग लाखों खर्च करने को तैयार रहते हैं। आप कहें तो मैं कोशिश करूँ।''

''पहले अम्माँ से बात करनी पड़ेगी। अम्माँ के पास जो रिश्ता आया है, उसे भी देखना तो पड़ेगा ही।'' गणेश ने कहा, ''फिर भी तुम भी अपनी कोशिश करो। भई, इस द्रविड़ हाउस में कोई साधारण घर की लड़की तो आने से रही। हम ही उस जमाने में लुट गए, जो गँवार बीबियाँ ले आए।''

''पहले अम्माँ से बात करनी पड़ेगी। अम्माँ के पास जो रिश्ता आया है, उसे भी देखना तो पड़ेगा ही।'' गणेश ने कहा, ''फिर भी तुम भी अपनी कोशिश करो। भई, इस द्रविड़ हाउस में कोई साधारण घर की लड़की तो आने से रही। हम ही उस जमाने में लुट गए, जो गँवार बीबियाँ ले आए।''

''धीरे बोलिए भाऊ! भाभी ने सुन लिया तो कयामत आ जाएगी।'' रामचंद्र ने होंठों पर उँगली रखकर कहा, ''इस बात का रोना हम अकेले में रोएँगे।''

सभी लोग हँस पड़े।

''भाई! अब ताश खेलते रहेंगे या कुछ कड़वा–मीठा भी होगा?'' एक मित्र ने कहा।

''क्यों नहीं भाऊ! जा छोटे, वह विलायती बोतल निकालकर

ला और रसोइए को बोल कि कुछ तीखा सा पका दे। कुछ भुना हुआ अभी दे जाए।''

''ठीक है भाऊ! तब तक पत्ते बाँटो।''

रामचंद्र अंदर कहीं गया और थोड़ी देर में लौटा तो उसके हाथ में विलायती शराब की बोतल थी। उसने बोतल मेज पर टिकाई ही थी कि बाहर से एक नौकर ने आकर अदब से सिर झुकाया।

''साब! बाहर कोई दो जने आए हैं। आपसे मिलना चाहते हैं।'' नौकर ने कहा।

''कौन है? कोई नाम पता?'' गणेश ने पूछा।

''बाहर से आए हैं। पंजाबी लगते हैं।''

''पंजाबी? जाकर नाम-पता और काम पूछ।''

''साब! विलायत से आए लगते हैं। अंग्रेजी बोलते हैं।''

''ओह ठहर! लगता है छोटे के यार-दोस्त होंगे। उनका तो स्वागत करना ही पड़ेगा। चल राम, चलकर मेहमानों को लाते हैं।'' गणेश ने कहा, ''और आप लोग तनिक इंतजार करें। हो सकता है कि पार्टी अब रात भर जमे।''

दोनों मित्रों ने सहमति में सिर हिला दिया। द्रविड़ बंधु सीढ़ियों से नीचे उतर रहे थे तो उन्होंने आगे दरवाजे पर खड़े दो सिख नौजवानों को देखा, जो अपने पहनावे से किसी रईस खानदान के नजर आते थे। द्रविड़ बंधुओं ने अपने चेहरों पर आत्मीयता भरी मुसकराहट समेट ली।

रामचंद्र अंदर कहीं गया और थोड़ी देर में लौटा तो उसके हाथ में विलायती शराब की बोतल थी। उसने बोतल मेज पर टिकाई ही थी कि बाहर से एक नौकर ने आकर अदब से सिर झुकाया।
''साब! बाहर कोई दो जने आए हैं। आपसे मिलना चाहते हैं।'' नौकर ने कहा।

"हैलो सर, आर यू नीलसन'स ब्रदर?" एक नौजवान ने दूर से ही पूछा।

"नीलसन...ओह, विलायत में नीलू का नाम होगा! यस, कम ब्रदर!" गणेश ने आगे बढ़कर बाँहें पसारकर कहा।

तभी दीवार के पास से दो और साए आगे आए और धाँय-धाँय की आवाज में द्रविड़ बंधुओं की चीखें दब गईं। ऊपर टैरेस पर उनकी माँ आ गई लगती थी, जिसने अपने लाड़लों को गिरते देखा तो बुरी तरह चीख पड़ी। जब तक कोई कुछ समझ पाता, हमलावर गधे के सिर से सींग की तरह गायब हो गए थे। सारा परिवार और मित्र, नौकर भयभीत हो गए थे और जब उन्हें भरोसा हो गया कि हमलावर चले गए, तब नीचे उतरे। गणेश की मौके पर ही मौत हो गई और रामचंद्र अभी तड़प रहा था। मित्रों ने तत्काल उसे उठाकर अस्पताल पहुँचाने की समझदारी दिखाई। घर में रोते-चीखते परिजन छातियाँ पीट-पीटकर उन हत्यारों को कोस रहे थे, जिन्होंने अनर्थ कर दिया था। काश, वे अपने हृदय में झाँकते कि देशद्रोहियों का ऐसा ही अंजाम होता है।

❑

वासुदेव चापेकर पर पुलिसिया संदेह

द्रविड़ बंधुओं की हत्या का समाचार सारे शहर में जंगल की आग की तरह फैल गया था। इसकी मिली-जुली प्रतिक्रिया सामने आई। सरकार समर्थित वर्ग तो स्तब्ध ही रह गया था और पूना में उठ रही हिंसक क्रांति को सरकार के लिए एक गंभीर चुनौती की संज्ञा दे डाली। जन सामान्य के लिए यह समाचार आत्मिक संतोष प्रदान करनेवाला रहा और सबके हृदय में यही बात उठी कि भगवान् ने गद्दारों को दंड दिया है। सुबह होते-होते रामचंद्र द्रविड़ ने भी अस्पताल में दम तोड़ दिया था। सभी रास्तों पर नाकेबंदी कर दी गई थी, परंतु हत्यारे जाने कहाँ गुम हो गए थे।

अंग्रेज अधिकारी भन्नाए, बौखलाए और भयभीत अपने मातहतों को आदेश-पर-आदेश दे रहे थे। द्रविड़ बंधुओं की मौत का कारण तो सब जान रहे थे कि उन लोगों ने दामोदर चापेकर को पकड़वाने में मुखबिरी की थी, इसलिए राष्ट्रवादी क्रांतिकारियों ने कुपित होकर उनकी हत्या की है। अंग्रेज सरकार की चिंता यह थी कि यदि इस हत्याकांड के दोषी भी न पकड़े गए तो अंग्रेज पुलिस के लिए मुखबिरी करनेवालों का साहस टूट जाएगा।

इस हत्याकांड में सबसे अधिकार विचलित रामा पांडु हुआ था, जो अब प्रोन्नति भी पा चुका था। इस प्रोन्नति में द्रविड़ बंधुओं के योगदान को वह कैसे भूल सकता था। उन्हीं की मुखबिरी के कारण दामोदर

चापेकर पकड़ा गया था और रैंड व आयरेस्ट की राजनीतिक हत्या का पर्दाफाश हुआ था। पांडु को यह भी बात कचोट रही थी कि उसने द्रविड़ भाइयों की सुरक्षा का वचन दिया था और वह भयभीत बकरे की तरह रोज ही मिमियाते थे कि उनकी जान जा सकती थी। पांडु ने उनकी सुरक्षा में जो खास किया था, वह यही था कि गणेश द्रविड़ को पुलिस में नौकरी दिलवाने में मदद कर दी थी। आज दोनों भाइयों का बेरहमी से कत्ल कर दिया गया था और इससे रामा पांडु व्यथित था। उसके पास इस हत्याकांड से जुड़ा एक ही संभावित था और वह वासुदेव चापेकर था। उसने इस बार उसे ही ठीक से फँसाने का विचार कर लिया और अपने गुप्तचर तंत्र को सख्त आदेश दिए कि वासुदेव की उस दिन की सारी गतिविधियों का ब्योरा अतिशीघ्र लाया जाए।

अंग्रेज समर्थक अखबारों ने इस हत्याकांड को भी राजद्रोही गुटों का कार्य बताकर राजनीतिक मुद्दा भड़का दिया था। पूना शहर में फर्ग्युसन कॉलेज को ऐसी सरकार विरोधी गतिविधियों का केंद्र बताकर इस हत्याकांड को पूना के ब्राह्मण वर्ग द्वारा नए गवर्नर को चुनौती सिद्ध करने में कसर न छोड़ी।

अंग्रेज समर्थक अखबारों ने इस हत्याकांड को भी राजद्रोही गुटों का कार्य बताकर राजनीतिक मुद्दा भड़का दिया था। पूना शहर में फर्ग्युसन कॉलेज को ऐसी सरकार विरोधी गतिविधियों का केंद्र बताकर इस हत्याकांड को पूना के ब्राह्मण वर्ग द्वारा नए गवर्नर को चुनौती सिद्ध करने में कसर न छोड़ी। 'केसरी' और 'मराठा' ने इन आरोपों की तीव्र आलोचना की।

हैड-कांस्टेबल रामा पांडु ने इस केस को निजी चुनौती मान लिया था और वह अपने ही स्तर पर हत्यारों तक पहुँचने की तिकड़म भिड़ा

रहा था। उसका सोचना था कि यदि उसे सफलता मिली, जिसकी संभावना थी तो निश्चिय ही विभाग में और सरकार की नजर में उसका रुतबा और भी बढ़ जाएगा। जब उसके मुखबिरों ने यह खबर दी कि हत्या की रात वासुदेव चापेकर पूना में मौजूद था तो उसका माथा ठनक गया। उसने देर न करते हुए वासुदेव को ही जा घेरा। घर पर अपनी बीमार माँ की सेवा करते वासुदेव को जबरन उठाकर क्षेत्रीय फराशखाना (थाना) लाया गया, जहाँ रामा पांडु रौद्र रूप लिये बैठा था। वासुदेव जानता था कि ऐसा होगा, इसलिए वह पूरी तरह तैयार होकर गया था।

''साब! यह हमारा दुर्भाग्य है कि हमारे बड़े भाऊ के कारण आपका क्रोध हर बार हमारे पर ही टूटता है, जबकि सच यह है कि हम ऐसे किसी भी काम में नहीं रहते, जिसे अपराध कहा जा सके। क्या यह न्याय है कि आप केवल पूर्वग्रह से ग्रस्त होकर एक निरपराध पर जुल्म करें।''

''साब! अब क्या भूल हो गई मुझसे ?'' उसने हाथ जोड़कर काँपते हुए पूछा।

''साले, इतना बड़ा कांड करके कहता है कि क्या भूल हो गई! द्रविड़ बंधुओं की हत्या करके मासूम बनकर दिखा रहा है। तेरा तो मैं वह हाल करूँगा कि फिर तेरे खानदान में भी कोई देशभक्त न होगा।'' पांडु ने कहर भरे स्वर में कहा।

''साब! यह हमारा दुर्भाग्य है कि हमारे बड़े भाऊ के कारण आपका क्रोध हर बार हमारे पर ही टूटता है, जबकि सच यह है कि हम ऐसे किसी भी काम में नहीं रहते, जिसे अपराध कहा जा सके। क्या यह न्याय है कि आप केवल पूर्वग्रह से ग्रस्त होकर एक निरपराध पर जुल्म करें।''

''तू हत्या की रात पूना में था। अपनी माँ को लेकर अस्पताल गया

था और उसी रात यह जघन्य वारदात हुई। क्या अर्थ हुआ इसका?''

''साब! इसका अर्थ यही हो सकता है कि मेरा दुर्भाग्य हुआ। मैं तो हर हफ्ते माँ को पूना लेकर जाता हूँ। जब से बड़े भाऊ गए हैं, माँ का स्वास्थ्य खराब है। ऐसे में उनकी दवा तो लानी ही होती है।''

''यही तो कुटिल षड्यंत्र है। तू माँ को लेकर पूना गया। रात हो गई तो वहीं पूना के अस्पताल में ठहरा और वहीं से इस घटना में शामिल हुआ।''

''साब! मैं अकेला तो नहीं गया था। मेरी माँ, पत्नी और तीन-चार पड़ोसी भी साथ गए थे। अस्पताल में भी कई मरीज और उनके साथ और लोग थे। आप किसी से भी पूछ लें कि मैं अपनी माँ छोड़कर कहीं गया ही नहीं।''

''साब! मैं अकेला तो नहीं गया था। मेरी माँ, पत्नी और तीन-चार पड़ोसी भी साथ गए थे। अस्पताल में भी कई मरीज और उनके साथ और लोग थे। आप किसी से भी पूछ लें कि मैं अपनी माँ छोड़कर कहीं गया ही नहीं।''

''वह सब तो हम जान लेंगे, पर तू हमारे संदेह से बाहर नहीं है।''

''यह मेरा दुर्भाग्य है, साब!''

''वह सब तो हम जान लेंगे, पर तू हमारे संदेह से बाहर नहीं है।''

''यह मेरा दुर्भाग्य है, साब!''

''राजी से बता दे कि तेरे साथ हत्या में कौन-कौन थे, वरना आज तू यहाँ से सही-सलामत नहीं जानेवाला। भले तू निर्दोष हो, पर मेरा क्रोध तुझे बहुत बुरी मौत मारेगा।''

''आप हाकिम हैं साब! हम तो आपकी रिआया हैं। आपको सब अधिकार हैं। हमारा तो जीवन ही आपकी कृपा पर निर्भर है। जब से हमारे भाऊ ने ऐसा काम किया, तब से हम तो अपने घर में नजरबंद हो गए हैं। हम साँस भी लेते हैं तो आपके आदमी उसे भी जान लेते हैं।

इतने पर भी हम ऐसा कुछ कर सकते हैं तो यह तो आपकी पुलिस की नाकामी है, जो दिन-रात हमारी निगरानी करती है।''

रामा पांडु ने असहाय भाव से गरदन हिलाई। उसने अपने मातहतों को संकेत कर दिया, जो वासुदेव को बालों से पकड़कर अंदर ले गए, फिर उसकी चीखें गूँज उठीं।

''इसकी निगरानी का काम आप लोगों का था।'' पांडु ने क्षेत्रीय अधिकारी से पूछा, ''जब यह पूना अपनी माँ को लेकर गया था तो तुमने क्या किया?''

''इसकी निगरानी का काम आप लोगों का था।'' पांडु ने क्षेत्रीय अधिकारी से पूछा, ''जब यह पूना अपनी माँ को लेकर गया था तो तुमने क्या किया?''
''साब! हमारा जासूस इसके पीछे साइकिल से गया था।''
''उसने क्या बताया? वह हर क्षण इस पर नजर रखे था।''

''साब! हमारा जासूस इसके पीछे साइकिल से गया था।''

''उसने क्या बताया? वह हर क्षण इस पर नजर रखे था।''

''हाँ साब! उसने दावे से कहा कि यह सारी रात उसकी आँखों के सामने अस्पताल में ही था। आप खुद उससे पूछ लें, हमने उसे बुला रखा है।''

''मेरे सामने लाओ।'' पांडु ने आदेश दिया।

वह देहाती युवा मुखबिर उसके सामने लाया गया, जो डर से काँप रहा था।

''ऐसे क्यों काँपता है? कोई भूल हो गई है तो बता।''

''हुजूर! पहली बार इतने बड़े अफसर के सामने आया हूँ न! डर लगता है।''

''हूँ! तू उस दिन उसके पीछे पूना गया था! शाम ढलने के साढ़े सात बजे से दस बजे तक तू कहाँ था और यह कहाँ था?''

''सरकार! यह सारी रात अपनी माँ के पास अस्पताल के बरामदे में था और मैं भी दूसरे कोने पर बैठा इस पर नजर गढ़ाए हुए था। मैं अपना काम धैर्य से करता हूँ जी। भूल होने का तो प्रश्न ही नहीं उठता।''

''तू भोजन-पानी के लिए कहीं गया हो और यह पीछे से खिसक गया हो।''

''हुजूर! मैं ऐसे काम पर चौकस होकर निकलता हूँ। यह कम-से-कम उस रात तो मेरी नजरों से क्षण भर भी दूर नहीं रहा।'' मुखबिर ने दृढ़ता से कहा।

''हूँ जा! इस पर हमेशा नजर रखना। अभी हम जा रहे हैं। इसे थोड़ी देर बाद छोड़ देना, पर इसकी निगरानी बंद नहीं होनी चाहिए।''

''जी साब!'' क्षेत्रीय अधिकारी ने कहा।

रामा पांडु हताश होकर गया। उसे यकीन नहीं आ रहा था कि हत्या के दिन वासुदेव का पूना में होना संयोग था! कहीं कुछ गड़बड़ जरूर थी।

❑

पुलिसिया पांडु से प्रतिशोध की योजना

वासुदेव को इस बार भी बुरी तरह से पीटा गया था। वह अपने घर पड़ा कराह रहा था। उसकी पत्नी उसकी सेवा में जुटी थी। बीमार माँ एकटक अपनी दृष्टि को स्थिर किए शून्य में ताक रही थीं। कितनी महान् नारी थीं शारदाबाई, जिन्होंने अपने तीनों ही पुत्रों को मातृभूमि की सेवा में समर्पित कर दिया था और विषाद या दुःख से कोसों दूर थीं। आयु के अनुसार वृद्धावस्था और कहीं ममत्व ने उन्हें क्षीण कर दिया था, अन्यथा वह इस बात पर गर्व अवश्य करती थीं कि उनके पुत्रों ने देशसेवा का व्रत लेकर उनकी कोख को उज्ज्वल कर दिया था। वे पत्नियाँ भी धन्य थीं, जिन्होंने अपने सुहाग देशसेवा में निछावर कर दिए थे। होंठों पर कोई शिकायत नहीं और आँखों में अपूर्व देशभक्तों की पत्नियाँ होने का गर्व।

आधी रात बीत गई थी, तब दरवाजे पर हल्की सी दस्तक हुई। वासुदेव की पत्नी ने जाकर साँकल खोली, जैसे पूर्व निर्धारित संकेत था। ढिबरी की मद्धिम रोशनी में जो चेहरा दिखाई दिया, वह उस मुखबिर का था, जो पूना उनके पीछे-पीछे गया था और पांडु को झूठ बोला था।

''आ आ माखन! कोई संदेश लाया है?'' वासुदेव ने कहा।

''हाँ, भाऊ का संदेश है। तेरे लिए चिंतित हो रहे थे।'' माखन का यह मुखबिर बोला, ''मगर कह रहे थे कि तेरे एक-एक जख्म

का हिसाब लिया जाएगा। यह चिट्ठी भेजी है तेरे लिए। कुछ पैसे भी हैं।''

''माखन! तू बहुत खतरा उठा रहा है। अंग्रेजी पुलिस को भरमा रहा है।''

''भाऊ! मैं तो कुछ भी नहीं कर रहा। देश के लिए जो तुम तीनों भाई कर चुके हो, उसके सामने तो हम शून्य हैं। हम तो तुच्छ सेवा के योग्य हैं, जो कर रहे हैं। आज हमें बड़ी शर्म आती है कि हमने बहुत दिन देश से गद्दारी की। मुखबिरी करके कई पापकर्म किए। उस दिन तेरे मित्र ने आँखें खोल दीं। उस दिन कसम खाई कि यदि प्राण देकर भी प्रायश्चित्त हो तो करेंगे। तुम लोग इतने कष्ट सहने को तैयार हो तो हम इतना तो कर ही सकते हैं। कुत्ते की तरह दुम हिलाते थे हम, परंतु अब दिल में बड़ा सुकून है कि अपनी मिट्टी का कर्ज उतारने में कुछ तो सफल होंगे।''

भाऊ! मैं तो कुछ भी नहीं कर रहा। देश के लिए जो तुम तीनों भाई कर चुके हो, उसके सामने तो हम शून्य हैं। हम तो तुच्छ सेवा के योग्य हैं, जो कर रहे हैं। आज हमें बड़ी शर्म आती है कि हमने बहुत दिन देश से गद्दारी की। मुखबिरी करके कई पापकर्म किए। उस दिन तेरे मित्र ने आँखें खोल दीं।

''सुबह का भूला शाम को घर आए तो उसे भूला नहीं कहते। यह जीवन इस वतन का है और इसे वतन पर ही निछावर कर देना उचित है। भाऊ को संदेश देना, हम सब ठीक हैं। अपना खयाल रखें।''

माखन ने सहमति में सिर हिलाया और वहाँ से चला गया।

''इधर पंद्रह दिन गुजर जाने पर भी द्रविड़ बंधु हत्याकांड में पुलिस को कोई सफलता न मिली थी, जिसने अंग्रेज अधिकारियों को हताश कर दिया था। हत्यारों ने जिस दक्षता और शीघ्रता से अपना

काम किया था, वह उनके क्रांति–कौशल का प्रतीक था। अंग्रेज सरकार के सामने यह बहुत बड़ी चुनौती थी। बंबई प्रेसीडेंसी में ऐसी वारदातें बढ़ती जा रही थीं। क्रांतिकारी संगठनों का विस्तार हो रहा था। क्रांति साहित्य का प्रचार इन संगठनों के द्वारा होने से एक बड़े विद्रोह की तैयारी होती लगती थी। ऐसे में अंग्रेज सरकार ने इन विद्रोहों को दबाने के लिए व्यापक सैन्य–बल को बंबई प्रेसीडेंसी में बुलाने का निर्णय लिया। इसके साथ ही पूना के सभी पुलिस अधिकारियों को सख्त आदेश दिए कि इन राजद्रोहियों को शीघ्र और बलपूर्वक कुचला जाए।

इन सब सरकारी कवायदों से क्रांतिकारी भी अनभिज्ञ नहीं थे। बदलते परिवेश में उनकी भी कार्यशैली बदल रही थी। इसका श्रेय विश्व क्रांति साहित्य को जाता था, जो अब इन संगठनों को उपलब्ध हो रहा था। मार्क्स, मैजिनी और बिस्मार्क को बड़ी तन्मयता से पढ़ा जाता था और उससे क्रांतिकारी नई–नई योजनाओं का प्रतिपादन कर रहे थे। हथियारों की उपलब्धता भी बढ़ रही थी। इसी परिप्रेक्ष्य में 'चापेकर क्लब' के बालकृष्ण चापेकर, रानाडे और साठे एक गुप्त स्थान पर बैठे अपनी अगली योजना पर विचार कर रहे थे।

इन सब सरकारी कवायदों से क्रांतिकारी भी अनभिज्ञ नहीं थे। बदलते परिवेश में उनकी भी कार्यशैली बदल रही थी। इसका श्रेय विश्व क्रांति साहित्य को जाता था, जो अब इन संगठनों को उपलब्ध हो रहा था। मार्क्स, मैजिनी और बिस्मार्क को बड़ी तन्मयता से पढ़ा जाता था और उससे क्रांतिकारी नई–नई योजनाओं का प्रतिपादन कर रहे थे।

"मुझे वासुदेव पर हुए पुलिसिया जुल्म पर क्रोध आ रहा है।" बालकृष्ण चापेकर ने कहा, "वह कई बार पुलिस की बर्बरता का

शिकार हुआ है और इसमें उस रामा पांडु का ही ज्यादा हाथ है। मैं चाहता हूँ कि उस पुलिसिए पांडु को भी सबक सिखाया जाए, उससे प्रतिशोध लिया जाए।''

''सबक क्या, उसे भी उसके मुखबिरों के पास पहुँचा देते हैं।'' साठे ने उत्साह से कहा, ''नरक में रैंड भी होगा, द्रविड़ बंधु भी होंगे तो रामा पांडु भी उनकी सेवा में चला जाए तो अच्छा रहेगा।''

''साठे! अब सरकार बहुत सजग है। कदम-कदम पर खतरा है। चारों ओर पुलिस और सेना का पहरा है। पांडु के पास भी फटकना मौत को दावत देना है। सरकार हमारी तलाश में ही तो इतने व्यापक इंतजाम कर रही है।''

''साठे! अब सरकार बहुत सजग है। कदम-कदम पर खतरा है। चारों ओर पुलिस और सेना का पहरा है। पांडु के पास भी फटकना मौत को दावत देना है। सरकार हमारी तलाश में ही तो इतने व्यापक इंतजाम कर रही है।''

''भाऊ! इससे डरकर उस पांडु को क्षमा तो नहीं किया जा सकता।'' साठे ने दृढ़ता से कहा, ''उसने वासुदेव भाऊ पर जितने जुल्म किए हैं, मैं जानता हूँ। इतनी मार तो कोई किसी जानवर पर भी नहीं लगाता। अभी भी भाऊ को महीना लगेगा, तब कहीं बिस्तर से खड़े होंगे। भाऊ! कुछ तो सोचना होगा।''

''साठे! बालकृष्ण भाऊ तो समझे कि बाहर निकले और पकड़े गए। मुझे भी कम खतरा नहीं है। द्रविड़ भाइयों ने सबकुछ बताया होगा। तू भी पुलिस की निगाह में होगा। ऐसे में इतनी जल्दी हम किसी काम को कैसे कर सकते हैं?''

''भाऊ! मुझे लगता है कि गद्दार गणेश ने केवर दामोदर भाई के बारे में ही बताया था। बालकृष्ण भाऊ इसलिए पुलिस की नजर में हैं कि इन्होंने घर छोड़ दिया। यदि गणेश ने सारी बात बताई होती तो

क्या एक बार भी पुलिस मुझसे पूछताछ न करती। ऐसे कैसे हो सकता था कि उस कांड में मेरा बराबर का हाथ था, पर पुलिस मुझ तक नहीं पहुँची। जाहिर है कि द्रविड़ बंधुओं ने उतना कमीनापन न दिखाया, जितना कि हम उनसे आशा कर रहे हैं। उन्होंने इनाम के लिए दामोदर भाऊ को पकड़वा दिया और अपना काम बना लिया।''

''तेरी बात में दम तो है साठे! तू जितना छोटा है, उससे अधिक सोच लेता है।''

''भाऊ! मैं पढ़ता हूँ।'' साठे अकड़कर बोला, ''अपनी किताबों को तो मैं कम ही पढ़ता हूँ। मेरे पास 'रिवोल्ट लिटरेचर' का भंडार है।'' ''हूँ। एक दिन तू जरूर इस क्रांति का नेतृत्व सँभालेगा। अब तू ही बता कि जब चारों तरफ खतरा है तो ऐसे में हम कैसे पांडु के पास भी फटक सकते हैं?''

''भाऊ! मैं पढ़ता हूँ।'' साठे अकड़कर बोला, ''अपनी किताबों को तो मैं कम ही पढ़ता हूँ। मेरे पास 'रिवोल्ट लिटरेचर' का भंडार है।''

''हूँ। एक दिन तू जरूर इस क्रांति का नेतृत्व सँभालेगा। अब तू ही बता कि जब चारों तरफ खतरा है तो ऐसे में हम कैसे पांडु के पास भी फटक सकते हैं?''

''हम नहीं फटक सकते, वह तो फटक सकता है। मौत सबके पास ही नहीं जाती, वह कई बार मरनेवाले को भी अपने पास बुला लेती है। मान लो, किसी को समंदर में कूदकर मरना है तो समंदर थोड़े ही उसके घर जाता है।''

''तेरी बात समझ में आ गई, मगर पांडु को कैसे अपने पास बुलाएँ?''

''अपना माखन भाऊ है न! वह लाएगा बकरे को हलाल करने हमारे पास।''

"शाबाश भाऊ! तेरा दिमाग ठीक सोच रहा है। ऐसा तो हो सकता है। माखन हमारा यह काम आसानी से या थोड़ी कठिनाई से कर सकता है। हम उसके साथ बैठकर ही कोई योजना बनाते हैं।" बालकृष्ण चापेकर ने कहा, "तू उसे बुला।"

"बुलाना क्या, वह तो रोज ही आता है। थोड़ी-बहुत देर से आ ही जाएगा। वह तो तरस रहा है कि उसे भी कोई ऐसा अवसर मिले, जिससे उसे भी देश की सेवा करने का सुख प्राप्त हो। आप योजना सोचिए।"

तीनों मिलकर ऐसी कोई योजना सोचने लगे।

❑

पुलिसिया पांडु का संहार

अंग्रेज अधिकारियों ने इस पूरे घटनाक्रम का नए सिरे से मंथन किया और जाना कि इस सिलसिले में दामोदर चापेकर को गिरफ्तार करनेवाला रामा पांडु या तो इस केस की गहराई से छानबीन नहीं कर सका या सफलता के नशे में इससे आगे सोच ही न सका था कि अकेले दामोदर ही इस हत्याकांड के लिए जिम्मेदार नहीं था। रामा पांडु को अंग्रेज पुलिस अधिकारियों ने बुलाकर खूब झाड़ पिलाई और फिर गहराई से पूछताछ की गई।

रामा पांडु को यदि इस केस में कुछ और पता था तो यह था कि दामोदर के दोनों भाई भी उसी की तरह उग्र विचारोंवाले थे। मँझले भाई बालकृष्ण चापेकर की तलाश जारी थी, जबकि छोटे वासुदेव चापेकर पर पुलिस का पहरा बैठा हुआ था। जाँच अधिकारी ने रामा पांडु को लताड़ा कि उसे अपने उच्चाधिकारी को बताना चाहिए था कि द्रविड़ बंधुओं की हत्यावाली रात वासुदेव चापेकर शहर में था। पांडु को उस जाँच दल से अलग करके जाँच अधिकारी ने इसी सूत्र के सहारे आगे बढ़ने का फैसला किया।

रामा पांडु खिन्न होकर अपने घर लौटा और खुद को कोसने लगा कि उसे ऐसी कोताही नहीं बरतनी चाहिए थी। मुखबिर माखन से ऐसी सतर्कता की आशा कैसे की जा सकती है, जो उन शातिर हत्यारों की पक्की निगरानी कर सके। लापरवाही भी की होगी तो कैसे अपने मुँह

से कबूल करता। वासुदेव जरूर उसकी आँखों में धूल झोंककर अपना काम कर आया था! पर अब क्या हो सकता था! अब तो वह जाँच दल से निष्कासित हो गया था। काश! पहले ही उसके दिमाग ने काम किया होता।

पांडु अभी विचारमंथन कर ही रहा था कि तभी उसके नौकर ने आकर बताया कि कोई उससे मिलने आया है। उसने उस आगंतुक को बुलाकर लाने को कहा। आगंतुक को देखकर पांडु की आँखें क्रोध से लाल हो गईं और मूँछें फड़फड़ाने लगीं। आगंतुक उसका मुखबिर माखन था।

पांडु अभी विचारमंथन कर ही रहा था कि तभी उसके नौकर ने आकर बताया कि कोई उससे मिलने आया है। उसने उस आगंतुक को बुलाकर लाने को कहा। आगंतुक को देखकर पांडु की आँखें क्रोध से लाल हो गईं और मूँछें फड़फड़ाने लगीं। आगंतुक उसका मुखबिर माखन था।

''प्रणाम हुजूर! एक करारी खबर लाया हूँ।'' माखन उसके पैरों के पास बैठते हुए बोला, ''हुजूर का मन प्रसन्न हो जाएगा और समस्त चिंताएँ दूर हो जाएँगी।''

''पहले तू यह बता कि उस रात अस्पताल में वासुदेव की निगरानी में क्या तुझसे कोई चूक हो गई थी, जिसका तूने जिक्र नहीं किया?'' पांडु ने क्रोध से दाँत पीसते हुए कहा।

''हुजूर! जान की अमान चाहता हूँ।'' माखन हाथ जोड़ते हुए बोला, ''आज मुझे लगता है कि उस रात मेरे से कोई चूक ही हुई लगती है। आज मेरे पास उसी से जुड़ी खबर है और यह हुजूर की सारी नाराजगी दूर कर देगी। यह देखिए···।''

माखन ने कागज का एक पुर्जा पांडु की ओर बढ़ाया।

पुरजे पर लिखा था—'आज रात नौ बजे···डोगरी पहाड़ी का हनुमान मंदिर!'

पुरजे की इबारत पढ़कर पांडु की कुछ भी समझ में न आया तो वह आँखें तरेरकर बोला, "यह क्या है बे?"

"हुजूर! देखने में तो यह कागज का मामूली पुरजा है, पर इसकी लिखावट उस बालकृष्ण की है, जिसकी आपको तलाश है। यह पुरजा मैंने वासुदेव चापेकर के तकिए के नीचे से पाया है। मैं उससे मिलने गया था। मिलने क्या, भाँपने गया था और संयोग से यह जानकारी मिली। मैं समझ गया कि बालकृष्ण आज रात अपने भाई से मिलने इस जगह आ रहा है। यह खबर मिलते ही मैं तत्काल हुजूर की खिदमत में आ गया।"

हुजूर! देखने में तो यह कागज का मामूली पुरजा है, पर इसकी लिखावट उस बालकृष्ण की है, जिसकी आपको तलाश है। यह पुरजा मैंने वासुदेव चापेकर के तकिए के नीचे से पाया है। मैं उससे मिलने गया था। मिलने क्या, भाँपने गया था और संयोग से यह जानकारी मिली।

रामा पांडु ऐसी खबर पाकर खिल उठा, मगर तुरंत ही वह सजग भी हुआ।

"यह बालकृष्ण की लिखावट है, पक्के तौर पर तू यह कैसे कह सकता है?"

"हुजूर! बहुत दिनों तक उनके कीर्तनमंडल में रहा हूँ। गीत-भजन लिखता था। दो-एक कागज तो अभी भी मेरे पास पड़े हैं। मिलान किया तो शक पक्का हुआ।"

माखन ने दो जीर्ण-शीर्ण से तह किए हुए कागज पांडु की खिदमत में पेश किए, जिन पर मराठी में धार्मिक भजन लिखे थे। पांडु ने उस पुरजे की इबारत का इन कागजों पर लिखे भजनों की इबारत से

मिलान किया तो उसका सिर सहमति में हिलने लगा।

"हुजूर! अब आप इन्हें गिरफ्तार करें तो आपका रुतबा बढ़े और मुझे चार पैसे का इनाम मिले।" माखन ने पांडु के पैर दबाते हुए कहा।

"हूँऽऽऽ! इनाम तो तुझे मैं ही दस रुपया दे दूँगा, पर काम मेरे तरीके से हो।"

"तूने इस बारे में किसी और से तो बात नहीं की?"

"अन्नदाता! आपका सेवक हूँ। किसी और से मुझे भला क्या आशा थी!"

"हूँऽऽऽ! देख, अंग्रेज पुलिस अधिकारी सोचते हैं कि हम हिंदुस्तानी होने के कारण क्रांतिकारियों से सहानुभूति रखते हैं और काम में कोताही बरतते हैं, जबकि ऐसा नहीं है। मैं यह पहले भी सिद्ध कर चुका हूँ, पर अंग्रेज हम भारतीयों पर विश्वास नहीं करते, यह मैं आज समझ गया। इनके लिए अच्छे परिणाम देते रहो तो ये सिर पर बैठा लेते हैं। यही अब मुझे करना है।"

हूँऽऽऽ! देख, अंग्रेज पुलिस अधिकारी सोचते हैं कि हम हिंदुस्तानी होने के कारण क्रांतिकारियों से सहानुभूति रखते हैं और काम में कोताही बरतते हैं, जबकि ऐसा नहीं है। मैं यह पहले भी सिद्ध कर चुका हूँ, पर अंग्रेज हम भारतीयों पर विश्वास नहीं करते, यह मैं आज समझ गया। इनके लिए अच्छे परिणाम देते रहो तो ये सिर पर बैठा लेते हैं। यही अब मुझे करना है।

"हुजूर! फिर भी अंग्रेज साब बड़े दरियादिल हैं। यारों के यार और दुश्मनों के दुश्मन।"

"यह तो है, उन्हें काम प्यारा है। जो अच्छा काम करता है, उसकी जिंदगी बदल देते हैं। खैर, अब हमें काम ही करना है।" रामा पांडु दृढ़ता से बोला।

''तो हुजूर! गारद लेकर डोगरी पहाड़ी पर घेरा डाल दें।''

''गारद नहीं रे! यह काम मुझे अकेले ही करना होगा। तू मेरे साथ रहेगा। उन दोनों को काबू करने की तरकीब मैंने सोच ली है।'' रामा पांडु जैसे अभी से अपनी सफलता पर अभिभूत था और इसी की खुमारी में बोल रहा था, ''उन दोनों के घुटनों पर गोली दागकर गिरा दूँगा, फिर अपने अफसरों के सामने ले जाऊँगा, तब तो सब मानेंगे कि रामा पांडु अपने काम के प्रति कितना सजग रहता है।''

''हुजूर! सोचा तो आपने ठीक ही है, फिर देखिए, आपकी धूम मच जाएगी। अकेले इतना बड़ा काम कर दिखाने का इनाम भी बड़ा ही होगा।'' माखन उसके सपनों को पंख लगाते हुए बोला, ''तो हुजूर! अँधेरा होने पर निकल चलना चाहिए। जगह देखकर घेरा डाल देंगे। वैसे मेरी मानो तो चार-पाँच सिपाही तो साथ ले ही जाने चाहिए।''

हुजूर! सोचा तो आपने ठीक ही है, फिर देखिए, आपकी धूम मच जाएगी। अकेले इतना बड़ा काम कर दिखाने का इनाम भी बड़ा ही होगा।'' माखन उसके सपनों को पंख लगाते हुए बोला, ''तो हुजूर! अँधेरा होने पर निकल चलना चाहिए। जगह देखकर घेरा डाल देंगे। वैसे मेरी मानो तो चार-पाँच सिपाही तो साथ ले ही जाने चाहिए।

''नहीं रे! ये क्रांतिकारी बड़े चालाक होते हैं। किसी कारण से ठिकाना बदला या आए ही नहीं या समय बदल दिया तो बेकार में बड़ी फजीहत होगी। पहले ही लताड़ लग चुकी है, अब ऐसी हालत में ऑफिसर और भड़क उठेगा।'' पांडु सावधानी बरतते हुए बोला, ''यह काम तो मैं अकेला ही कर लूँगा।''

''जैसी आपकी इच्छा हुजूर!'' माखन सिर झुकाते हुए बोला,

''सेवक तो आपकी सेवा में रहेगा ही।''

''तू अभी भोजन कर ले, फिर निकलते हैं।''

माखन को दो रुपए भोजन करने के लिए बाजार भेजने के बाद रामा पांडु ने अपनी पिस्तौल की जाँच की। सोच रहा था कि आज वह अपने अधिकारियों को दिखा देगा कि वह भी सरकार के लिए बड़े खतरे उठाने में सक्षम है। आज बालकृष्ण चापेकर हाथ आया नहीं कि सब हत्याओं का पर्दाफाश हो जाएगा। अब अगर कलेक्टर ने पीठ न थपथपाई तो कहना! अब दरोगा बनने की आशा भी प्रबल हो उठी थी। इन्हीं सपनों में खोए रामा पांडु ने हिम्मत बढ़ाने के लिए विलायती बोतल में से चार घूँट भरे। इसके बाद वह तैयार होकर माखन की प्रतीक्षा करने लगा।

माखन को दो रुपए भोजन करने के लिए बाजार भेजने के बाद रामा पांडु ने अपनी पिस्तौल की जाँच की। सोच रहा था कि आज वह अपने अधिकारियों को दिखा देगा कि वह भी सरकार के लिए बड़े खतरे उठाने में सक्षम है। आज बालकृष्ण चापेकर हाथ आया नहीं कि सब हत्याओं का पर्दाफाश हो जाएगा। अब अगर कलेक्टर ने पीठ न थपथपाई तो कहना!

माखन आधा घंटा बाद लौट आया।

शाम के साढ़े सात बज गए थे और वातावरण में अँधेरा छाने लगा था। रामा पांडु पूरी तरह संतुष्ट होकर माखन को लेकर चल पड़ा था। रास्ते भर पुलिस की सघन सुरक्षा थी, परंतु रामा पांडु को लगभग सभी जानते थे। शहर से बाहर आकर उन दोनों ने डोंगरी पहाड़ी की ओर कदम बढ़ा दिए।

''यह ले!'' पांडु ने एक पिस्तौल निकाल माखन को थमाई, ''तू भी हथियारबंद हो, जिससे कि वक्त-जरूरत पर काम आए। घबराना

मत। कोई मर भी जाए तो चिंता नहीं। हमारे लिए मुर्दा भी उतने ही काम का होगा, जितना जिंदा!'' पांडु धूर्तता से हँसा, ''चलानी आती है?''

''हुजूर! पक्का निशाना तो नहीं, पर घोड़ा दबाना तो आता है।'' माखन ने पिस्तौल को उलट-पुलटकर देखते हुए कहा, ''यह आपने अच्छा सोचा।''

''सोचा इसलिए कि सफल होना है। अगर वे दोनों भाई अकेले आए तो मैं ही काफी हूँ। कोई साथी और हुआ, जिसकी संभावना भी बनती है तो तुझे भी मेरी मदद करनी है।'' रामा पांडु माखन को समझाते हुए बोला, ''आज तू काम का निकला तो गणेश की तरह तुझे भी पुलिस में ही नौकरी दिलवा दूँगा, फिर जिंदगी भर ठाठ से रहना।''

''सोचा इसलिए कि सफल होना है। अगर वे दोनों भाई अकेले आए तो मैं ही काफी हूँ। कोई साथी और हुआ, जिसकी संभावना भी बनती है तो तुझे भी मेरी मदद करनी है।'' रामा पांडु माखन को समझाते हुए बोला, ''आज तू काम का निकला तो गणेश की तरह तुझे भी पुलिस में ही नौकरी दिलवा दूँगा, फिर जिंदगी भर ठाठ से रहना।''

''हुजूर! ठाठ से तो ठीक, पर उनकी तरह किसी ने मुझे भी मार दिया तो''' ?''

''ठाठ करके मरे तो क्या हर्ज है! बाल-बच्चे तो मजे में रहेंगे।''

''यह बात तो है। घरवाली बहुत ताने मारती है हुजूर! घोर गरीबी में जी रही है। यह तो आपकी दया से दाल-रोटी चल रही है।''

''मेरा वफादार रहा तो जिंदगी सँवार दूँगा।''

''हुजूर! हम मंजिल पर पहुँचनेवाले हैं। क्यों न मंदिर में अंदर ही जा छुपें?''

''नहीं रे! यह तो चूहेदानी में फँसने जैसा होगा। मंदिर में अंदर

उनको होना चाहिए। हम यहीं–कहीं छुप जाएँगे।'' रामा पांडु ने माखन को सावधान किया, ''अब पिस्तौल हाथ में ले ले।''

पांडु ने भी अपनी पिस्तौल निकालकर हाथ में ले ली और बड़ी सावधानी से चलता हुआ मंदिर से बीस कदम पहले ही एक पत्थर की ओट में बैठ गया, उसी समय सीटी की आवाज सुनाई दी तो दोनों सतर्क हो गए।

दोनों के दिलों की धड़कनें बढ़ती जा रही थीं। आज रामा पांडु को अपने जीवन का यह बहुत महत्त्वपूर्ण मिशन लग रहा था, जिसमें सफलता मिलती तो निश्चय ही उसके कई सपने साकार होनेवाले थे। वह दरोगा बन जाता और अंग्रेज अधिकारी उसकी क्षमता व कर्तव्य-परायणता का लोहा मान जाते। वह सपनों की उड़ान में उड़ा जा रहा था।

''हुजूर! कोई आ गया लगता है। सावधान हो जाइए।''

पांडु ने होंठों पर उँगली रखकर उसे चुप रहने का संकेत दिया।

दोनों के दिलों की धड़कनें बढ़ती जा रही थीं। आज रामा पांडु को अपने जीवन का यह बहुत महत्त्वपूर्ण मिशन लग रहा था, जिसमें सफलता मिलती तो निश्चय ही उसके कई सपने साकार होनेवाले थे। वह दरोगा बन जाता और अंग्रेज अधिकारी उसकी क्षमता व कर्तव्य–परायणता का लोहा मान जाते। वह सपनों की उड़ान में उड़ा जा रहा था।

उसी समय एक गोली चली 'धाँय'। वह गोली रामा पांडु की पसलियों को चीरती चली गई। वह चीख मारकर उछल पड़ा। कुछ भी कर पाने का मौका मिलने से पहले ही एक और गोली ने उसकी कनपटी को बेध दिया और वह अपने सपनों को मन में सँजोए नरकवासी हो गया।

रामा पांडु को क्या पता था कि वह एक योजना में फँसकर बलि का बकरा बन माखन के द्वारा वहाँ लाया गया है। माखन अब उसका मुखबिर नहीं, बल्कि क्रांतिकारियों का साथी बन चुका था।

क्रांतिकारियों ने रामा पांडु का अपवित्र रक्त बहाकर उसे अंग्रेजभक्ति की सजा दे दी थी। उसकी लाश को सड़ने के लिए वहीं छोड़कर बालकृष्ण चापेकर, रानाडे, साठे और माखन वहाँ से चल पड़े।

बालकृष्ण चापेकर अब वापस निजाम की रियासत में जाने का निर्णय कर चुके थे। रानाडे बंबई जाकर अपने काम-धंधे में और साठे अपनी पढ़ाई पूरी करने का मन बना रहे थे। माखन अपने आपको हर तरह के संदेह से बरी मानते हुए घर को चला जा रहा था।

❑

आजादी के यज्ञ में प्राणाहुति

पुलिस अधिकारी रामा पांडु की हत्या की खबर ने पहले से ही सहमे पूना शहर में सनसनी फैला दी थी। सरकार स्तब्ध थी। इन हत्याओं से सरकार की क्षमता पर प्रश्नचिह्न लग रहा था। सुरक्षा-व्यवस्था संकट में थी और पुलिस की नाकामी उजागर हो रही थी। तीनों हत्याकांड एक ही सिलसिले की कड़ी थे और इनमें से चार हत्याएँ तो पुलिस अधिकारियों की हुई थीं। गवर्नर अंग्रेज पुलिस अधिकारियों से नाराज हो रहा था और उसने सख्त आदेश दिए थे कि प्रांत में, विशेषकर पूना में चल रहे इस हिंसक विद्रोह को किसी भी प्रकार से रोकें। बोखलाए से जाँच अधिकारी इन केसों की कड़ियों को आपस में मिलाने का प्रयास कर रहे थे।

वासुदेव चापेकर को गिरफ्तार कर लिया गया था। हालाँकि वह पुलिस की पिटाई से घायल हुआ बिस्तर पर पड़ा था। डॉक्टरी मुआयने में यह बात सामने भी आ गई थी कि वह अंदरूनी चोटों से जख्मी था और कम-से-कम रामा पांडु के कत्ल में उसकी शिरकत की आशा नहीं की जा सकती थी, फिर भी वह संदेह के घेरे में था और निरंतर पुलिस की यातनाएँ भुगत रहा था।

इसी बीच जाँच में एक अंग्रेज अधिकारी को मुखबिर माखन की भूमिका की जानकारी मिली। युद्ध स्तर पर उसकी तलाश की गई और गिरफ्तार करके अंग्रेज अधिकारी के सामने लाया गया। माखन को रामा

पांडु के पास आखिरी बार देखा गया था। यह बात कई गवाहों ने सिद्ध कर दी थी। अतः उस पर अंग्रेज पुलिस अधिकारियों का कहर टूट पड़ा।

माखन ने संकल्प तो यह लिया था कि चाहे जो हो जाए, वह जुबान नहीं खोलेगा, परंतु जब उस पर पुलिसिया हथकंडे अपनाए गए तो वह ज्यादा देर तक अपनी जुबान बंद न रख सका और उसने सब कुछ सच-सच बता दिया।

माखन ने बताया कि वासुदेव चापेकर 'द्रविड़ हाउस' जाकर द्रविड़ बंधुओं का कत्ल कर आया था। यह बात वह जानता था, परंतु एक मित्र ने उसे देशभक्ति का ऐसा पाठ पढ़ाया कि वह पुलिस की मुखबिरी भूलकर पक्का देशभक्त बन गया और पुलिस को गलत सूचनाएँ देने लगा। उसने रामा पांडु हत्याकांड की एक-एक बात गा-गाकर बताई। उसने बताया कि बालकृष्ण चापेकर निजाम रियासत में कहीं छुपा हुआ है, रानाडे बंबई में अंग्रेजी ट्यूटर बना हुआ है और साठे पूना में ही रहकर दसवीं कक्षा की पढ़ाई कर रहा है।

माखन ने संकल्प तो यह लिया था कि चाहे जो हो जाए, वह जुबान नहीं खोलेगा, परंतु जब उस पर पुलिसिया हथकंडे अपनाए गए तो वह ज्यादा देर तक अपनी जुबान बंद न रख सका और उसने सब कुछ सच-सच बता दिया।

क्रांतिकारियों के बारे में इतनी महत्त्वपूर्ण जानकारी पाकर अंग्रेज पुलिस अधिकारी तेजी से सक्रिय हो गए। देश भर में अंग्रेजों का नेटवर्क बहुत मजबूत और सघन था। वासुदेव चापेकर पहले ही पुलिस की गिरफ्त में था और साठे को भी बड़ी शीघ्रता से पूना से गिरफ्तार कर लिया गया। बंबई से रानाडे को गिरफ्तार करने में भी पुलिस को कोई विशेष परेशानी न हुई, किंतु बालकृष्ण चापेकर का कुछ पता न चल

सका। उसकी तलाश में व्यापक तैयारियाँ करके निजाम रियासत में तेजी से खोजबीन की जा रही थी।

पुलिस ने साठे और रानाडे पर बहुत अत्याचार किए। दोनों ने बड़ी निडरता से सबकुछ स्वीकार कर लिया था। क्यों कमिश्नर रैंड मरा, क्यों आयरेस्ट, द्रविड़ बंधु, पांडु मरा और क्यों अभी कितने ही अंग्रेज और अंग्रेजभक्त भारतीय भी मरनेवाले थे—यह सब किशोर क्रांतिदूत साठे ने गर्व के साथ बताया। साठे की देशभक्ति और निडरता ने अंग्रेज अधिकारियों का पारा सातवें आसमान पर पहुँचा दिया और फिर उन क्रांतिदूतों पर अंग्रेजी यातनाओं का ऐसा दौर चला, जिसे सहना पत्थरों के भी वश में नहीं था, परंतु देशभक्ति के रंग में रँगे वे क्रांतिदूत शायद फौलाद के बने थे। यातना देनेवाले थक गए, मगर यातना सहनेवाले नहीं झुके। वे दिल में भारतमाता की स्वतंत्रता की चाह लिये अपने प्राण न्योछावर करने को तैयार थे।

यह सब किशोर क्रांतिदूत साठे ने गर्व के साथ बताया। साठे की देशभक्ति और निडरता ने अंग्रेज अधिकारियों का पारा सातवें आसमान पर पहुँचा दिया और फिर उन क्रांतिदूतों पर अंग्रेजी यातनाओं का ऐसा दौर चला, जिसे सहना पत्थरों के भी वश में नहीं था, परंतु देशभक्ति के रंग में रँगे वे क्रांतिदूत शायद फौलाद के बने थे।

अंततः क्रांतिदूत बालकृष्ण चापेकर भी गिरफ्तार कर लिये गए। पुलिस ने सुबूत, गवाह सब बड़ी आसानी से तैयार कर लिये और उन सब पर मुकदमा चलाया गया। अंग्रेज न्यायाधीशों को गवाहों की जरूरत नहीं पड़ी, क्योंकि राष्ट्रभक्तों ने कठघरे में खड़े होकर गर्व के साथ यह स्वीकार किया कि उन्होंने ही उन राक्षसों का वध किया था, जो अन्याय, अत्याचार और शोषण के प्रतीक थे।

''हमें खुशी है कि हमने अपने देश की सेवा करते हुए कुछ राक्षसों का तो वध कर ही दिया। इससे युवा क्रांतिकारियों को प्रेरणा मिलेगी और ऐसे राक्षस तब तक मारे जाते रहेंगे, जब तक अंग्रेज भारत से भागकर लंदन नहीं चले जाते।'' क्रांतिदूत बालकृष्ण चापेकर ने दृढ़ स्वर में कहा, ''यह आजादी की आँधी है, जिसमें अंग्रेजी शासन तिनके की तरह उड़कर ब्रिटेन तक ही सीमित रह जाएगा। जिस साम्राज्यवादी शोषण को अंग्रेजों ने अपनी नीति बनाया है, वह बहुत लंबे समय तक नहीं चल पाएगा। उसका प्रतिकार होगा और तब तक होगा, जब तक कि हम अपना अधिकार नहीं पा लेते।''

''एक दामोदर चापेकर या हम सबको भी फाँसी पर लटका देने से हिंदुस्तान की आवाज दबाई नहीं जा सकती। प्राण देकर हम प्राण देनेवाले पैदा करते रहेंगे।'' साठे ने गर्व के साथ उच्च स्वर में कहा, ''यही हमारी परिपाटी है।''

''एक दामोदर चापेकर या हम सबको भी फाँसी पर लटका देने से हिंदुस्तान की आवाज दबाई नहीं जा सकती। प्राण देकर हम प्राण देनेवाले पैदा करते रहेंगे।'' साठे ने गर्व के साथ उच्च स्वर में कहा, ''यही हमारी परिपाटी है।''

''हमें गर्व है कि हमने अपने देश की सेवा की है। मृत्यु तो शाश्वत सत्य है, परंतु हमें ऐसे पुण्य-पथ पर जीने और मरने का अवसर मिला है कि हमारा संपूर्ण कुल गौरव का अनुभव करेगा।'' वासुदेव चापेकर ने सीना तानकर कहा, ''हमें इससे भी अधिक गर्व इस बात का है कि हम तीनों चापेकर बधुओं को मातृभूमि पर अपने प्राण अर्पण करने का अवसर मिला।''

''कहते हैं कि मृत्यु के बाद पुनः आत्मा शरीर धारण करती है।'' रानाडे ने पुरजोश के साथ कहा, ''मेरी हार्दिक इच्छा है कि अब यदि

पुनः मेरा जन्म हो तो इसी भारतभूमि में हो और तब हो, जब एक भी गोरा अत्याचारी यहाँ न हो···हिंदुस्तान आजाद हो।''

अंग्रेज न्यायाधीश ने उन क्रांतिदूतों की ऐसी तीखी टिप्पणियाँ सुनीं तो उसका सिर लज्जा और क्रोध के कारण झुक गया। उसने बालकृष्ण चापेकर, वासुदेव चापेकर और महादेव रानाडे को फाँसी की सजा सुनाई, जबकि किशोरवय विष्णु साठे के लिए नाबालिग होने के कारण दस साल की सजा तय की।

''यह अन्याय है। मुझे भी फाँसी दे दी जाए।'' साठे क्रोधातिरेक में चीख उठे, ''जब अपराध हम सबका एक है तो सजा भिन्न क्यों? यह अंग्रेज सरकार की दोगली नीति है।''

''तुम अभी नाबालिग हो।'' न्यायाधीश ने गंभीरता से कहना चाहा, ''न्याय-संहिता के अनुसार··· ।''

''अन्यायियों की कैसी न्याय-संहिता?'' साठे चिल्लाकर बोला, ''कपटियों को किसका भय!''

अंग्रेज न्यायाधीश ने उन क्रांतिदूतों की ऐसी तीखी टिप्पणियाँ सुनीं तो उसका सिर लज्जा और क्रोध के कारण झुक गया। उसने बालकृष्ण चापेकर, वासुदेव चापेकर और महादेव रानाडे को फाँसी की सजा सुनाई, जबकि किशोरवय विष्णु साठे के लिए नाबालिग होने के कारण दस साल की सजा तय की।

पुलिसवालों ने उग्र हो रहे साठे को तत्काल ही दबोच लिया और वहाँ से ले गए।

इन क्रांतिदूतों के लिए फाँसी की तारीखें निश्चित हो गई थीं। वासुदेव चापेकर को 8 मई, 1899, बालकृष्ण चापेकर को 12 मई, 1899 और महादेव रानाडे को 16 मई, 1899 को फाँसी देना निश्चित हुआ। पूनावासी उन वीर देशभक्तों के लिए कामना कर रहे थे कि ऐसे

वीर पुत्र उनके आँगन में भी जन्म लें। चारों ओर उनकी जय-जयकार हो रही थी। पूनावासियों की भावनाएँ अनियंत्रित होती प्रतीत हो रही थीं। अंग्रेज सरकार इन हालात को सैन्य-बल से नियंत्रित करने का प्रयास कर रही थी।

दामोदर चापेकर के बाद चापेकर वंश का एक और चिराग देशप्रेम की मिसाल बनकर 8 मई, 1899 को हँसते-हँसते फाँसी के तख्ते पर चढ़ गया। उसने भारतमाता के पावन चरणों में अपने प्राणों को पुष्प बनाकर अर्पित कर दिया।

इसके बाद 12 मई, 1899 को चापेकर कुल का तीसरा चिराग भी अपने हृदय में माँ भारती की पावन छवि लिये शहीदों के आकाश पर ध्रुवतारे की भाँति स्थिर हो गया।

16 मई, 1899 को वीर विनायक महादेव रानाडे ने भी अपनी मातृभूमि पर प्राणार्पण कर दिए और शहीदों की उज्ज्वल शृंखला में अपनी कीर्ति अमर बनाई।

'चापेकर कुल' भारत के इतिहास में ऐसा अनोखा राष्ट्रभक्त परिवार बना, जिसने देश की आजादी के यज्ञ में अपने तीन अनमोल पुत्रों की आहुति देकर राष्ट्रप्रेम की नई इबारत लिख दी। ऐसे परिवार और कुल की कीर्ति इतिहास के पन्नों पर सदैव के लिए स्वर्णाक्षरों में अंकित रहेगी और 'चापेकर बंधु' अपने साहस और आत्मबलिदान के कारण देश की युवा पीढ़ी के लिए प्रेरणास्रोत बने रहेंगे।

❑❑❑